AF198172

Marko Kraft-Slačanin

Anders 1

Zivilisation im Wa(h)n(del)

www.tredition.de

© 2016 Marko Kraft-Slačanin

Verlag: tredition GmbH, Hamburg

ISBN
Paperback: 978-3-7345-2231-4
Hardcover: 978-3-7345-2232-1
e-Book: 978-3-7345-2233-8

Printed in Germany

Anders 1

Zivilisation im Wa(h)n(del)

Persönliche Geschichten-Inspirationen-Ansichten

Inhalt:

Ich empfehle das Buch von vorne nach hinten zu lesen, da immer wieder auf Vorausgegangenes zurückgegriffen wird

Vorwort von Peter Frank

Die Veränderung einer Kultur- wie sie gerade vonstatten geht- geschieht nicht von Außen: durch Institutionen, die Politik, die Wirtschaft, etc. sondern durch das innere Ringen um Integration neuer Handlungsformen und Denkweisen in Einzelnen. Daraus entstehen Gestaltungsräume, in denen eine Kultur sich pflanzen und entwickeln kann. Die hier reflektierten Lebensprozesse eines Mannes zeugen von den Spannungen, die in einem Individuum wirken, wenn es versucht, sich, sein persönliches Leben und die Welt zu vereinen.

Es geht in diesen Lebensschilderungen nicht um „Wahrheit" in einem allgemein gültigen Sinne, sondern um das Nachvollziehen der Vorgänge, die in einer sensiblen Seele, konfrontiert mit der Moderne- vollzogen werden müssen, um diese Spannungen zu leben. Eine authentische Äußerung eines radikalen, das heißt "zu den Wurzeln gehenden", Weges, der einerseits einzigartig ist und gleichzeitig modellhaft zeigt, mit welchen Herausforderungen junge Generationen in die Welt gestellt werden. So ist diese Schrift meines Erachtens ein wichtiger Beitrag, dass diese Vorgänge in der Öffentlichkeit wahrgenommen und verstanden werden.

Einleitung

Ich weiß, dass ich nichts weiß! Dieses Zitat von Sokrates möchte ich als eine der größten Lebensweisheiten, die ich bisher in meinem Leben gehört und verstanden habe, als Motto dieses Buches vorstellen.

Ich spüre die Liebe, als stärkste Kraft im Universum. Ich glaube an die Liebe, die alles verbindet, jedes beseelte Wesen mit jedem noch so winzigen Atom im unendlichen All. Ich bin überzeugt von unserer geistigen Einheit und doch lebe ich als verkörperter Mensch, in der uns voneinander trennenden Polarität. Ich habe meine eigene Geschichte, meine Prägungen und meine Überzeugungen die mich zu der Person werden lassen, die ich im Jetzt bin und die mir meine ganz eigene individuelle Wirklichkeit verleihen. Ich habe genau wie jeder andere, eine einzigartige Brille, durch die ich die Welt sehe und beurteile. Sie lässt mich Sympathie, Zustimmung, Abneigung oder auch Ohnmacht empfinden. Wenn ich mich aber darauf besinne, dass ich in Wahrheit nur weiß, dass ich nichts weiß, lässt mich das eine ganz andere Perspektive einnehmen. Dazu muss ich die Liebe, von der ich nichts weiß sondern sie „nur" spüre nicht beiseite schieben. Denn ohne sie, bin ich nichts und weiß nichts, nicht einmal mehr, dass ich nichts weiß.

Mit meiner Brille kann ich keinen völligen Frieden empfinden. Ich kann Frieden anstreben, weil ich ihn spüren kann und vielleicht wird sich irgendwann einmal, die Brille so verändern, dass ich auch wenn ich durch sie hindurch sehe nur Frieden spüre. Haben die sogenannten Erleuchteten solche Brillen auf? Vielleicht!

Ich für meinen Fall, empfinde es als sehr bereichernd diese Brille immer wieder in sinnierenden Momenten ein Stück beiseite schieben zu können um ein wenig durch die „nicht wissende Liebe" zu schauen. Aber auch wenn die Eindrücke, die ich mit der Sicht durch meine Brille erhalte nicht nur friedlich sind, gehören diese zu mir. Ich möchte mir nicht verkneifen die Wut zu zeigen die in mir steckt und ich möchte mir auch nicht verbieten zu beurteilen, wenn ich es innerlich auch tue. Doch ich erinnere daran, es nicht so ernst zu nehmen weil ich es besser weiß, denn **ich weiß, dass ich nichts weiß.**

Persönliches und etwas Schubladendenken

Irgendwie scheint es mir abwegig ein Kapitel dieses Buches „Persönliches" zu nennen, denn persönlich werden alle Kapitel dieses Buches sein. Ich möchte dir als Leser aber gerne ein knappes Bild von mir vermitteln und dir verraten mit welchen Zugehörigkeiten ich mich einigermaßen identifizieren kann. Wenn mich jemand fragt woher ich komme, was aufgrund meiner hochdeutschen Sprache in Bayern und meines kroatischen Namens sehr oft vorkam, war mir das meistens recht schwierig zu beantworten. Ich fühle mich weder als Deutscher, noch komme ich aus Braunschweig wo ich im Mai 1976 geboren wurde und aufgewachsen bin, noch als Kroate oder Europäer. Vielleicht spüre ich mich etwas mehr als Mensch auf der Erde. Doch in meiner tiefsten Wahrheit spüre ich mich als Seele in einem Körper so wie jedes andere verkörperte Wesen auf der Erde oder sonst irgendwo im unendlichen Kosmos. Ich habe mir vorgenommen die Frage, von wo ich komme, mit „Aus Gott" zu beantworten. Meine Religion ist wild und frei und die einzige Begrifflichkeit aus dem spirituellen Bereich mit der ich mich griffig und seit langem verbunden fühle ist Pan. Pan heißt Alles, er verkörpert die Natur wird im kirchlichen Kontext oft als teuflisch bezeichnet und wird in der griechischen Mythologie als bockfüßiger Hirtengott beschrieben. Für mich ist Pan die Intelligenz, die alle Dimensionen des Lebens auf der Erde in sich vereint, und sowohl liebevoll-wild als auch liebevoll-sanft auftritt.

Wenn ihr mich nach meiner politischen Philosophie fragt, dann kann ich euch sagen, dass ich, seit ich mir über politische Konzepte ein wenig Gedanken mache, Anarchist bin. Anarchie ist für viele Menschen eine Horrorvorstellung, „Alle gegen Alle" oder „Die Macht des Stärkeren". Ich möchte Anarchie vielmehr als „Alle mit Allen" beschreiben und kurz erwähnt, geht es in anarchistischen Philosophien um Konzepte einer herrschaftslosen Ordnungsstruktur die alle mit einbezieht. Doch selbst, wenn Anarchie zu „Alle gegen Alle" ausarten würde, wäre das für mich nur ein ehrliches Bild dessen was vorherrscht. Es würde die Wahrheit zeigen die in den Menschen steckt ohne sie durch Staatsgewalt zu unterdrücken. Ich wäre auch bereit für das absolute Chaos, denn es bereitet den Raum für etwas Neues. Das Chaos hätte aber mit funktionierender Anarchie nichts zu tun, Anarchie benötigt die Reife der Menschen und fördert diese zugleich. Als ich als achtzehnjähriger einmal im Anschluss an einen Vortrag, mit viel älteren Anthroposophen über Anarchie diskutierte. meinte irgendwann einer, dass ich mit Anarchie wohl Theokratie meine. Und für wahr, wenn jeder Mensch die Freiheit hat, tun und lassen zu können wie das es eigene Herz, das eigene Gewissen und die eigenen Impulse es ausdrücken, was wäre es dann anderes als Gottesherrschaft.

Als ich, mit vielleicht sechzehn Jahren angefangen habe, bewusst über die Geschehnisse in der Welt zu sinnieren, haben mich apokalyptische Visionen begleitet. Gesellschaftliche Zusammenbrüche die mich aber nicht ängstlich stimmten, sondern im Gegenteil sogar mit Hoffnung erfüllten. Das mag zum einen an der tiefen Abscheu liegen, die ich zu vielen Zuständen in unserer Zivilisation empfinde, zum anderen hat sich mir aber offenbart dass ich eine Aufgabe in der Welt habe, die erst an Kraft gewinnt, wenn die Gesellschaft aus dem Ruder gerät.

Ich habe mich in der späten Jugend viel in der sogenannten „autonomen Szene" aufgehalten und empfinde einen Großteil dieser Menschenschublade als mein zu Hause. Doch, stand ich inhaltlich dort ziemlich in meiner eigenen Nische, da für mich spirituelle Themen im Grunde wichtiger waren als politische. In der deutschen autonomen Szene wird generell alles was esoterisch anmutet eher befeindet als befreundet. Außerdem hatten für mich auch Verschwörungstheorien und Grenzwissenschaften Bedeutung und das gilt in linken Kreisen als ziemlich unakzeptabel. In Sachen Verschwörungstheorien und politischen Hintergründen folge ich jedoch keinerlei Überzeugung, viel mehr glaube ich erstmal überhaupt nichts, aber halte alles für möglich.

So spüre ich mich als ganzheitlich fühlenden Menschen, der sich am ehesten in einer Schublade zu Hause fühlt, die mit Menschen besiedelt ist, die zwar in unserer Gesellschaft die Anforderungen einigermaßen erfüllen können und einen Platz für sich gefunden haben, jedoch gequält sind von den Zuständen einer ausbeuterischen Welt. Die enorme Sehnsucht haben, nach Freiheit und Gerechtigkeit und die sich deshalb in unserer Gesellschaft nur sehr bedingt voll entfalten können.

Ich lebe gerne ein einfaches Leben mit viel Selbstversorgung und habe mit etwas Geduld, aber auch spürbarer Führung ganzheitliche Landbaumethoden und bäuerliches Wissen zu meiner Lehre gemacht. Nach der Schule habe ich zunächst eine klassische Landwirtschaftslehre begonnen und war schockiert über die Inhalte die ich in der Berufsschule lernen sollte. Nach elf Jahren staatlicher Schule hatte ich aber die Nase dermaßen voll, etwas zu lernen, dass ich gar nicht lernen wollte und brach diese Ausbildung ab. Ich ging und gehe meinen individuellen Lernweg und lernte durch Bücher, Eigenversuche, verschiedenen Kursen, durch Ausbildungen in Geomantie(1) und in Permakultur(2)... Gesellschaftlich habe ich keine anerkannte Ausbildung, muss mich finanziell immer irgendwie über Wasser halten, was mir mit einem einfachen Leben und vielen gelebten Jahren im Bauwagen auch gut gelingt.

Auch in meiner Zeit in der autonomen Szene, sah ich mich nicht großartig berufen auf Demonstrationen zu gehen und dort meinen Protest heraus zu schreien. Mein Bestreben war es viel mehr möglichst ein Leben zu führen, das ich für mich als richtig erachte. Nahe am Einklang mit der Natur zu sein und andere durch mein Leben zu inspirieren. Für viele Bürger war ich wohl der Gratler von nebenan, doch für einige auch, berührendes Vorbild im Bezug darauf frei und naturnah zu leben.

Ich habe acht Jahre mit einer lieben Frau verbracht mit der ich meine Visionen teilen und verwirklichen konnte. Wir haben uns in der Geomantie-Ausbildung kennen gelernt und gemeinsam einen Permakultur-Hof (3) aufgebaut auf dem wir viele unserer Träume lebten und dort viele andere Menschen inspirierten. Die Identifikation mit unserem Hof hat mich zu dieser Zeit zu sehr eingenommen, ich habe nur noch für unsere Projekte gelebt und viele andere Bedürfnisse gar nicht mehr gespürt. Unsere Beziehung habe ich emotional vernachlässigt und mich dann unaufhaltsam in eine Freundin von uns beiden verliebt. Viele Freunde hatten unsere Beziehung immer auf ein sehr hohes Podest gestellt, da wir so harmonisch, gemeinsam unser Traumprojekt realisierten. Viele waren über unsere Trennung geschockt und ich selber war auch plötzlich aus einem Traumleben gerissen.

In der Zeit mit Anja wurden wir häufig gefragt, ob wir denn von dem was wir auf unserem Hof machten, leben würden, sprich damit das nötige Geld verdienen können. Wir haben darauf immer geantwortet wir leben dafür und nicht davon. Den Großteil des Geldes haben wir durch andere Jobs verdient und haben es in die Entwicklung des Hofes gesteckt. Doch war es mein Bestreben mit dem was wir dort machten auch das Geld zu verdienen, das wir benötigten. Ich glaube, dass meine Versuche in diese Richtung sogar zu viel Raum eingenommen haben und ich bin, obwohl es mir und anderen den Anschein machte, dass ich das mache was ich gerne möchte, viel zu sehr der Sicherung meiner Existenz hinterher gerannt, wie die meisten anderen Menschen das auch tun. Das Geldverdienen und die eigene Verwirklichung betrachte ich als eine große Gradwanderung und herausfordernde Aufgabe von uns Menschen im Kapitalismus. Es benötigt oft Geld um Visionen zu verwirklichen und auch um überhaupt zu existieren und es ist bestens, wenn wir unser Geld mit dem verdienen was wir gerne tun. Aber sobald wir es tun, um damit Geld zu verdienen ergibt sich eine entscheidende Veränderung.

Ich möchte jedem Menschen empfehlen, möglichst wenig Zeit in die Sicherung der Existenz zu investieren. Sich die Freiheit zu nehmen, die davon unabhängigen Impulse zu spüren und Dinge zu tun, die erfüllen ohne dass sie an irgendwelche Erwartungen geknüpft sind. Das können die wenigen Naturvölker die es noch gibt sehr gut, aber den meisten von uns, inklusive mir selber, ist diese Fähigkeit ziemlich abhanden gekommen. Auch während ich an diesem Buch arbeite, hofft ein Teil von mir, durch das Schreiben auch meinen Geldbeutel zu füllen. Doch mit dieser Hoffnung möchte ich nicht meinen inneren Impulsen nachgehen. Ich erinnere mich dann an den Inhalt des folgenden Satzes.

Ich lebe, kann für mein Essen und ein Dach über dem Kopf sorgen, alles weitere ist Geschenk!

Ich habe erkannt, wenn ich Dinge tue um damit Geld zu verdienen, verändern sich grundlegende Qualitäten und das selbst wenn ich diese Sachen gerne tue und ich Sinn und Erfüllung in diesen Dingen finde. Es entsteht ein großer Unterschied, der Unterschied zwischen „Funktionieren" und „Sein".

Ich bin aber auch ein Mensch der gerne „funktioniert" und das darf auch so bleiben. Einen wachsenden Teil meiner Zeit möchte ich aber dem „Sein" widmen, das sich für mich öffnet sobald ich alle Erwartungen ablegen kann.

Nicht mal eine Stunde nachdem ich die Absätze über die Existenzsicherung geschrieben habe, wurde ich plötzlich arbeitslos weil mein Arbeitgeber verstorben ist. Er war ein, auf ständige Hilfe angewiesener Behinderter, der trotz totaler körperlicher Unfähigkeit ein bewundernswertes Leben führte. Ein Lebensmotto von ihm war: *„Zu nichts in der Lage, zu allem fähig."*

Ich wünsche Dir Wolfgang, dass du die Befreiung von diesem herausfordernden Körper so was von genießen kannst. Ich bewundere Dich wie Du Dein Schicksal, in so einem Körper zu stecken, angenommen hast. Ich glaube, Du hast das Beste daraus gemacht.

Nun aber noch mal zurück zu der der Zeit als ich den geliebten Hof und die geliebte Frau verlassen habe, um mit einer neuen geliebten Frau zusammen zu sein. Ich befand mich in einer tiefen Krise und auch die Rückenschmerzen, die mich auch die Jahre davor schon plagten legten sich richtig ins Zeug und schränkten meine körperlichen und auch gedanklichen Sprünge sehr stark ein. Visionen die ich für mich und Claudia hatte, wollten sich nicht verwirklichen lassen. Ich konnte am neuen Ort nicht ankommen, geschweige denn mich dort verwirklichen. Ich war bis jetzt nicht einmal fähig mir ein neues Kompostklo zu bauen und scheiße nun seit einem Jahr in eine Toilette, die die von mir verpönte Wasserspültechnik benutzt. Für mich ist das ein riesiger Rückschritt und ich hoffe bald wieder in eine wunderbare Terra Preta Komposttoilette zu kacken.

Ich opferte alles, für das ich einige Jahre meines Lebens gelebt habe, um meine neue Liebe leben zu können.

Ich verließ meine Frau und ließ sie alleine mit einem unfertigen Strohballenhaus, mit 7 Hektar Land und dem Schmerz einer verlassenen Frau.

Obwohl ich durch diese Geschehnisse immer noch eine Schwere in mir trage und in meiner neuen Beziehung keinesfalls glücklicher werden konnte, weiß ich, ich musste diese Schritte machen um in meinem Leben weiter zu kommen.

Liebesbeziehungen sind eigentlich ein großes Thema, wenn es darum geht in Frieden zu leben und doch werde ich ihnen kein eigenes Kapitel widmen.

Ich stehe bei diesem Thema selber im Nebel und habe keine klare Haltung darüber, welche Liebeskonstellationen natürlich und gesund sind. Unverarbeitete Lebensthemen wie unbewusste Traumata, können sehr viel Einfluss auf unsere Gefühle nehmen und beeinflussen unser Liebesleben maßgeblich. Wir sind in unseren Gefühlen, die mit gelebter Liebe zu tun haben vermutlich noch alle sehr unreif und verletzen und unterdrücken uns selber und gegenseitig. Welcher Weg da hinaus führt, weiß ich nicht und ich vermute dass wir noch nicht einmal an einem Punkt stehen uns überhaupt vorstellen zu können, wie reife und freie Liebesbeziehungen aussehen können. Wie an vielen Stellen dieses Buches möchte ich, neben der Arbeit an sich selber, die Kraft der Vergebung als wichtigstes Friedenswerkzeug voranstellen.

Dieses Buch soll ein wenig Proviant sein auf dem langen Weg zum ersehnten Frieden. Ich kenne zwar keine geheime Abkürzung die ich euch präsentieren kann, aber ich möchte meine Friedenslichter und meine Ein- und Ansichten gerne mit euch teilen und hoffe dir dadurch etwas Stärkung auf deinem, einzigartigen Weg schenken zu können.

Kapitel 1
Flucht, Barmherzigkeit, Angst und Hoffnung

Weltweit sind 60 Millionen Menschen auf der Flucht. Auf der Flucht vor Krieg, Verfolgung, Hunger, Elend und Aussichtslosigkeit. Viele suchen den Weg nach Europa und ob das Jahr 2015 den Höhepunkt der Flüchtlingsdramatik dargestellt hat, möchte ich bezweifeln.

Ob wir in Europa ängstlich, ablehnend oder mit Gelassenheit reagieren wird darauf keinen Einfluss nehmen. Hier in Deutschland erwacht in vielen Menschen Barmherzigkeit und Hilfsbereitschaft, aber auch Angst zeigt sich und drückt sich sogar in hysterischem Hass aus. Wir wissen nicht, was sich durch die Aufnahme der vielen Menschen verändern wird, welche Belastungen auf uns zu kommen und vor welche Herausforderungen uns die oft schwer traumatisierten Menschen einer ganz anderen Kultur stellen. Dass Fremdes und Unvorhersehbares Angst erzeugen kann, scheint natürlich zu sein.

Und so sehe ich es auch als wichtige Aufgabe, die Angst liebevoll anzunehmen anstatt sie abzulehnen. Mir selber stellt es die Haare auf, wenn, Menschen ihre Angst, ihren Unmut und ihre Unlust zeigen, den zu uns kommenden Menschen zu helfen. Mein Ton wird leider unweigerlich lauter und aufgeregter. Warum? Für mich ist mein Verhalten auch ein Ausdruck von Angst. Angst vor der Angst des Anderen – wie bescheuert! Vielen Mitmenschen geht es ähnlich wie mir und sie reagieren noch extremer, weil sie sich nicht selber zügeln.

Im Frieden bleiben, selbst wenn im Gegenüber kein Frieden herrscht, ist eine große Kunst.

Ich begreife die ankommenden Flüchtlingsmassen als Rechnung der Globalisierung. Obwohl es in Wirklichkeit doch eher die fünfte Mahnung ist. Einige Rechnungen werden versucht mit „Entwicklungshilfe" zu bezahlen. Der Versuch gleicht aber dem Verhalten beim Wirt die Rechnung zu prellen und ihm am nächsten Tag vor die Tür zu scheißen.

In Afrika bekommen Konzerne Entwicklungshilfekredite, die billiges Fleisch für Europa produzieren, dafür geraubtes Land von kleinen Bauern erhalten und diese dadurch vertrieben werden. Auch BASF und andere Chemiekonzerne bekommen leitende Aufgaben im Bereich der Entwicklungshilfe und treiben Kleinbauern in den Ruin anstatt ihnen nützlich zu sein.

Schon lange profitieren wir an der Globalisierung und unser „Reichtum" ist nur möglich, weil woanders auf der Welt Menschen brutal ausgebeutet werden. Jedem der seine Augen nicht ganz verschließt sollte klar sein, dass es in unserer Weltgesellschaft Gewinner und Verlierer gibt und das das nicht nur an natürlichen Gegebenheiten wie Bodenfruchtbarkeit und Klimabedingungen liegt.

Direkte sowie indirekte Verlierer flüchten zu uns und schenken uns die Gelegenheit endlich die vielen offenen Rechnungen abzustottern. Das wird uns vielleicht etwas Geld und materiellen Wohlstand kosten, aber ich lese fett geschrieben auf der Rechnung Liebe, Geborgenheit und Frieden. Das kann nicht von staatlichen Institutionen gegeben werden, das kann nur von den bürgerlichen Menschen gegeben werden. Die Menschen kommen aus bitterlichen Existenzkämpfen tragen vermutlich Wut, Hass und Aggressionspotenzial in ihren Bäuchen doch in ihrem Herzen tragen sie Hoffnung, sonst hätten sie nicht den beschwerlichen und ungewissen Weg hierher angetreten. Hoffnung ist eine Form der Liebe und diese Hoffnung kann auch ich kultivieren, wenn ich hoffnungsvoll an die Ängstlichen unter uns denke die z.B. durch Pegida ihre Gefühle ausdrücken.

Dazu möchte ich eine kleine Geschichte aus meiner Jugend berichten: Ich war damals unübersehbar ein bunthaariger Punker, der dadurch unvermeidbar regelmäßig mit den zum Gegenpol zählenden Neonazis aneinander geraten ist. Bei der zweiten Begegnung mit Heiko, einem versoffenen Naziburschen, an einem eigentlich friedlichen Sonntagvormittag hatte er vor mir die Fresse zu polieren und schilderte mir ausgiebig, dass er keine Angst vor mir habe, nur weil ich einen Kopf größer sei als er. Er habe sechs Jahre lang Kickboxen trainiert! Ich hörte mir seine Schilderungen geduldig an und merkte wie er immer wackliger auf den

Beinen wurde. Bald musste er sich schier an mir festhalten und merkte selber, dass er sich heute nicht mehr in der Lage fühlte mich vermöbeln zu können. Gleichzeitig träumte er aber schon lauthals von der nächsten Begegnung. Für diesen Tag aber wollte er sich damit abfinden eine Tracht Prügel von mir zu kassieren und versuchte hartnäckig mich davon zu überzeugen, ihm den Rest zu geben. Ich könne bei meinen Freunden dann damit prahlen, den gefährlichen Heiko verdroschen zu haben. Es war nicht einfach ihm beizubringen, kein Interesse daran zu haben, aber als ich das Argument vortrug, genauso gut ein Kindergartenkind verprügeln zu können, schlug er mir vor, uns doch einfach zu vertragen. Wir gaben uns die Hände und Heiko erzählte mir kumpelhaft was er gerade alles gebechert hatte. Als wir uns die nächsten Male begegneten begrüßte er mich, als wäre ich schon immer ein guter Freund gewesen. Ich war zwar freundlich zu ihm aber trotzdem distanziert und meine Haltung ihm gegenüber blieb die gleiche wie vorher. Ich habe diese Geschichte in den darauffolgenden Jahren oft erzählt, um zu schildern wie blöd im Kopf doch Nazis sind.

Erst als ich vor kurzem, in Gedanken die Szenerie noch mal durchlebte, verspürte ich Bewunderung für ihn. Dieser Mensch konnte so schnell seine Haltung zu mir völlig ändern als er merkte, dass von mir keine Gefahr ausging. Er ist übrigens früh an Drogen zu Grunde gegangen und ich hoffe ihm eine kleine Ehre zu erweisen, wenn ich diese Geschichte nun in einem anderen Licht weiter trage. Ich konnte meine Haltung nach zwanzig Jahren nun auch ändern und ihm nun ehrliche Liebe und Anerkennung schenken.

Warum ich diese Geschichte schreibe? Weil jedes Gefühl darüber entscheidet, ob wir im Frieden oder Kampf auf der Welt leben. Wie sähe es aus, wenn wir unweigerlich mit all unseren Gefühlen, zusammen mit allen anderen Menschen Gefühlssuppen kochen würden? Mindestens eine Angstsuppe, eine Liebessuppe, eine Hasssuppe und eine Friedenssuppe. **Welche Töpfe füllen wir?** Wenn diese Qualitäten auch für uns nicht messbar sind, so kann ich mir doch die gefühlsgespeisten Töpfe gut vorstellen. Was sonst könnte ein Maßstab des Friedens sein. Ich sehe mich und spüre die Gefühle und Emotionen die ich in die Töpfe mit den kollektiven Gefühlssuppen gebe.

In dieser Beurteilungsart des Weltgeschehens wird mir auch deutlich, dass ich in dieser Gefühlsdimension nicht mehr und nicht weniger zur Weltsituation beitrage, als jeder andere Mensch der existiert, existiert hat und existieren wird.

Das empfinde ich als ein gutes Stück Befreiung aus der Ohnmacht, die ich beim Verfolgen der Schauspiele auf unserer Welt doch immer wieder erdrückend zu spüren bekomme.

Natürlich kann ich auch nicht so einfach über meine Gefühle und Emotionen bestimmen. Doch kann ich mir bewusst machen, dass meine Wut die ich bei einigen Themen verspüre, obwohl ich sehr gerne gelassener wäre, die gleiche Wut ist, wie die Wut eines Pegida-Marschierenden. Es ist nur eine Frage des Bewusstseins, wann wir Wut für angemessen empfinden und wann wir sie in einem ganzheitlicheren Kontext transformieren können.

Ich bin überzeugt, dass die tiefste Sehnsucht eines jeden Menschen Liebe, Harmonie und Frieden ersucht und nur die Angst uns zu Hass und Gewalt führt.

Ich muss und kann mich nicht dazu zwingen rechten Hetzern ständiges Verständnis und Mitgefühl entgegen zu bringen, doch durch jeden auch noch so kleinen Moment, an dem ich dies tun kann, entsteht für die kollektive Gefühlssuppe eine wertvolle, friedliche Zutat.

Es gibt neben menschlichen Zuwanderern auch pflanzliche Einwanderer die sogenannten Neophyten. Wird es in unserer Gesellschaft nicht geschätzt sich rassistisch gegen Menschen zu stellen, so ist es doch absolut akzeptabel gegen „bösartige" Pflanzeninvasoren zu hetzen. Es gibt schwarze Listen über gemeingefährliche „invasible Neophyten" und die Bevölkerung wird aufgerufen diesen auf den Leib zu rücken. Die Angst, dass eine friedliche Pflanzengattung durch ihre Dominanz die heimische Flora verändert, ist riesig. Wir könnten diese Pflanzen begrüßen und deren Potenziale beäugen. Das indische Springkraut ist eine Pflanze, die sich in vielen Auen massenhaft verbreitet hat und bei sehr vielen Menschen schrecklich verhasst ist. Im Juli sieht es so aus, als wachse in der Nachbarschaft vom Springkraut überhaupt nichts mehr. Wer aber im April oder im Mai an die Orte schaut, wird vom Springkraut nicht viel finden. Ich kenne Orte, die im Frühling vielfältig gelb blühen, Ende Mai dann das Mädesüß seine weißen Blüten zeigt und erst Ende Juni die Springkrautpflanzen scheinbar explodieren um im Herbst mit deren tiefen Blüten den Bienen, zu dieser Jahreszeit seltenes Futter zu schenken.

Der Boden unserer Erde gehört nicht einem Volk, sowie die Haut eines Hundes nicht den auf ihm lebenden Flöhen gehört. Wir sollten uns nicht anmaßen darüber bestimmen zu können, welches Wesen sich wo auf dieser Erde bewegt und ich bin der Meinung, dass selbst ohne Not und Leid Menschen die Legitimität haben woanders hin zu wandern.

Wenn aber Menschen aus Kriegsgebieten oder wirtschaftlich ruinierten Ländern an unsere Tür klopfen, an die Grenzen, und wir überlegen ob wir sie herein lassen oder nicht, möchte ich es mit Folgendem vergleichen: Ein Mensch steht draußen ungeschützt im strömenden Regen und beißender Kälte und klopft an unserer Haustür. Lassen wir ihn hinein, geben wir ihm einen warmen Tee und vielleicht frische Kleidung oder geben wir ihm einen Regenschirm hinaus? Ich glaube viele Menschen würden in so einem Fall nicht lange überlegen, die Barmherzigkeit wäre größer als die Angst, dass es vielleicht ein Trick von einem Verbrecher sein könnte. Je mehr Menschlichkeit und Wärme wir diesem Menschen entgegenbringen desto schwerer wäre es für ihn kriminell zu handeln selbst wenn es ein gerissener Gauner wäre.

Die Massenunterkünfte für Flüchtlinge sehe ich ohne die freiwillig kommenden Helfer vorerst nur als einen Regenschirm. Sie schützen zwar ein wenig, aber Geborgenheit und menschliche Wärme steht politisch nicht auf dem Programm. Die Flüchtlinge sind zwar im Land, aber doch ausgegrenzt. Wie wäre es, wenn die Menschen in bestehenden Familien Zuflucht fänden, wäre die Folge vielleicht schnellstmögliche Integration?

Eine große bestehende Angst ist auch die Angst vor eingeschleusten IS Kämpfern. Können wir deren Gewaltpotenzial mindern, wenn wir sie erkennen würden und an irgendeiner Grenze nicht weiterlassen?

Könnte ein zielorientierter Terrorist seine Pläne einfach weiterverfolgen wenn er in einer friedlichen Familie liebevoll aufgenommen würde?

Selbst ein Terrorist, der zu grausamsten Taten bereit ist, ist ein Mensch mit Herz und Gefühl, daran möchte ich an dieser Stelle erinnern, auch wenn ich mich selber vielmehr daran erinnern muss, dass Figuren wie zum Beispiel ein Monsanto-Chef auch durch Menschen mit Herz und Gefühl verkörpert werden.

Meine Vorstellungen auch über andere Themen, empfinden viele Menschen als realitätsferne Paradiesträumerei. Genau das Erträumen von paradiesischen Lösungen, seien sie auch noch so unrealistisch, empfinde ich als wichtiges Werkzeug zur Entwicklung unserer Realität.

Viele deutsche Haushalte sind nicht wirklich in der Lage Flüchtlinge angemessen aufzunehmen und doch wäre etwas Mut zu so einem Schritt genau das Richtige. Es gibt auch immer mehr Einzelfälle dieser Integrationsform und auch mindestens eine aktive Initiative(4), die genau diese Form der Unterbringung begleitet und damit gute Erfahrungen zu machen scheint.

Wir können etwas tun, wir können Menschen aufnehmen, wir können uns um private Begegnungen bemühen und wir können uns Visionen einer neuen Kultur oder einer Multikultur erträumen, denn die Angst, dass unsere heimatliche Kultur (wenn es denn noch eine gibt) sich verändert wird sich in jedem Falle bewahrheiten. Die Samen dafür haben wir alle schon lange gesät, denn wir haben mitgemacht bei der Globalisierung der Wirtschaft. Konsumgüter wandern seit langem durch die ganze Welt. Wir verbrennen Öl aus arabischen Ländern, tragen Billigkleidung aus Armutsländern, nutzen Werkzeugstiele aus Brasilien und liefern Waffen in Kriegsgebiete.

Wer geglaubt hat, dass diese Vermischung nur bei den Dingen bleibt und bei ausgewählten Personen, ohne eine Eigendynamik zu entwickeln, wird nun eines Besseren belehrt.

Wir können das nicht verhindern. Alle Menschenrassen werden auf kurz oder lang vermischt und damit ausgelöscht. Die Rassentrennung wird Geschichte sein und wir haben die riesige Chance ein winzig kleines Menschenleben lang an dieser Entwicklung mitzuwirken. Geben wir unser Bestes, machen wir uns frei, von unseren engstirnigen Prägungen, und schöpfen wir aus der schier unglaublich weiten Welt, die wir selber mit geöffnet haben, suchen die Werte die uns am allerwichtigsten sind und erstreben diese zu leben.

Diese Einladung erfordert vielleicht viel individuelle Arbeit, überhaupt nur die wirklich in der Tiefe liegenden eigenen Werte zu entdecken ohne diese serviert zu bekommen. Ich werde hier viel über innere Werte meines Herzens schreiben und darüber welche Aufgaben ich für stimmig halte, um diesen Werten näher zu kommen. Auch wenn ich davon ausgehe, dass zum Beispiel Frieden ein Qualitätswert ist, nach dem jeder Mensch sich sehnt, glaube ich, dass die Aufgaben, um zum Frieden zu gelangen so individuell sein können wie die Augäpfel in den Gesichtern der Menschenwesen. Ich möchte dazu einladen diese eigenen Augen zu benutzen, und nicht nur geradeaus nach außen zu glotzen, sondern auch immer die sehenden Augen kräftig zu verdrehen, nach hinten in den eigenen Kopf und vor allem nach unten in das fühlende, liebevolle Herz.

Kapitel 2
Klimawandel, Opfer, Täter und Mitgefühl

Ich knüpfe nun noch mal an das Bild der „offenen Rechnungen" an, denn ich sehe noch weitaus mehr unbezahlte Rechnungen als die der Menschen, die im Zuge der Globalisierung ausgebeutet werden. Ich sehe offene Rechnungen der Luft, die verpestet ist, ich sehe offene Rechnungen des Wassers, das verseucht ist und ich sehe offene Rechnungen der ausgebeuteten Nutztiere, der verachteten Wildtiere, des Pflanzenreichs und des Bodens der misshandelt wird. Vermutlich ist jeder Leser in der Lage noch mehr spezifische Rechnungen zu erkennen, aber weiß auch jemand wie wir sie begleichen können? Aktuell wird, von politischer Seite, wenn auch etwas halbherzig, wenigstens versucht die „Neuverschuldung" einzudämmen. Die Rechnungen und Mahnungen der Natur wurden in den letzten Jahren auch schon etwas deutlicher auf den Tisch gelegt, es sind aber beiweiten, noch Steigerungen möglich. Ich bin zwar nicht überzeugt davon, dass zum Beispiel die Klimaerwärmung tatsächlich durch Treibhausgase verursacht wurde, sie ist jedoch zumindest eine synchrone Erscheinung und steht für mich dadurch im Sinnzusammenhang. Ich möchte mit dem Bild der „offenen Rechnungen" keine Ängste schüren, noch möchte ich die Gräueltaten der Menschheit mit diesem Alltagsbild verharmlosen. Ganzheitlich und evolutionär betrachtet benötigen wir vielleicht dieses rücksichtslose Verhalten um uns zu etwas Neuem zu entwickeln.

In spirituellen und esoterischen Lehren wird oft beschrieben, dass sich jedes Wesen, jede Seele genau die Erfahrungen für das Leben heraus sucht, die sie benötigt um sich zu entwickeln. Das ist anhand mancher Schicksale nur sehr schwer vertretbar, denn Menschen die nicht an einen Seelenplan glauben, platzt bei solchen Aussagen verständlicherweise schnell der Kragen. Vielleicht kann ich aber etwas zum Verständnis und zur Toleranz beitragen.

Ich glaube daran, dass ich mich für die Erfahrungen, in denen ich scheinbares Opfer bin, als Seele freiwillig entschieden habe und versuche aus solchen Erfahrungen bewusst zu lernen.

Der Glaube, dass dies auch bei anderen so ist, hindert mich aber nicht daran Mitgefühl mit Notleidenden zu haben und einzugreifen, wo Hilfe notwendig ist. Mitgefühl heißt für mich zum einen, das Schicksal des Anderen in mich einströmen zu lassen und versuchen zu erkennen, wie sich der erleidende Mensch in seiner Realität gerade fühlt. Das kann nicht immer gelingen, denn sich voll und ganz auf die Wahrheit des Gegenübers einzustellen ist eine hohe Aufgabe. Zum Anderen kann ich, mit etwas Abstand das Schicksal des Anderen durch meine eigene Wahrheit erspüren und eventuell das Erlebte in ein anderes Licht stellen. Ich würde sagen, nur Ersteres wird zu Mitleid und nur das Zweite könnte egozentrisch und kühl werden, beides zusammen kann hilfreiches Mitgefühl ergeben.

Den Glauben an die freie Wahl von erlebten Seelenschicksalen habe ich schon lange, doch in meiner emotionalen Gefühlswelt konnte es sich erst vor kurzem durch eine eigentlich recht banale Geschichte verinnerlichen.

Im Frühling 2015 wollte ich mir einen VW Bus kaufen, es sollte schnell gehen und er musste billig sein. Ich fand einen der mir gefiel und als mir der Verkäufer erzählte welche Teile alle recht neu eingebaut wurden und das fast nichts mehr kaputt gehen könne, schenkte ich ihm Glauben weil er mir vertrauenswürdig wirkte. Ich kaufte also, ohne fachliche Beratung einzuholen, das recht schrullig aussehende Auto zu einem teuren Preis. Es stellte sich leider schnell heraus, dass ich nicht nur zu viel bezahlt hatte, sondern der Verkäufer mir zumindest auch einiges vorenthalten hatte, wenn er mich nicht sogar sehr bewusst anlog. Der Motor ging dann zu allem Überfluss völlig kaputt und ich stand vor ziemlichen Problemen, fühlte mich betrogen und überlegte was ich machen könnte um Gerechtigkeit zu erlangen.

Im gleichen Zeitraum stieß ich mit einem anderen Auto beim Ausparken gegen die Stoßstange eines parkenden Fahrzeugs und ich musste für einen Kratzer an einem Teil, dass eigentlich dafür vorgesehen wäre, das Auto vor solchen Stößen zu schützen 600€ zahlen. Das war zwar Recht, aber gerecht fand ich es nicht. Ich war Täter, aber fühlte mich doch wieder als Opfer, als Opfer von einer Zeit, in der Autos Statussymbole sind und keinerlei optische Makel haben können. Ist es dem Halter des betreffenden Fahrzeugs, denn nicht auch passiert? Sie haben ja ihr Auto genau dort abgestellt, wo ich es übersehen habe. Natürlich wollte ich den Schaden in Ordnung bringen, aber musste er denn völlig erinnerungslos aus der Welt geschafft werden? Diese vielleicht für viele etwas fremden Überlegungen brachten mich dazu, meinen Anteil in der VW Bus Geschichte zu erkennen. Ich habe mir genau diesen Bus ausgesucht und ein gutes Gefühl dabei gehabt. Ich habe gespürt, dass ich genau diese Erfahrung machen wollte und nur durch die zweite Geschichte konnte ich dem Verkäufer des Busses völlig vergeben. Ich hoffe er kann das selber auch!

Es mag Menschen geben, die diesen Glauben an ein freiwilliges Schicksal so auslegen, dass sie verstehen sich als Dritter nicht hilfreich in ein leidvolles Schicksal einbringen zu sollen. Das halte ich für eine völlige Fehlinterpretation, denn wenn meine helfende Hand nicht im Schicksalsplan der anderen enthalten ist und ich dadurch so einfach deren Plan durcheinander bringen kann, dann war dieser Plan einfach grottenschlecht.

Ich möchte noch einmal kurz auf das Thema Flüchtlinge zurückkommen, denn als im September 2015 der erste große Strom kam, beutelte es mich und ich bereitete mich innerlich ein paar Tage lang darauf vor, öffentlich dazu aufzufordern die Flüchtlinge im eigenen Haushalt aufzunehmen. Es war aber nicht das Mitleid für die Flüchtlinge, die in Massenunterkünften ausharren müssen, das mich dazu motivierte. Es waren meine eigenen inneren Werte, die mich eine Aufnahme in Privathaushalten als barmherzigste, natürlichste und friedlichste sehen lassen.

Jeder von uns hat innere Werte, ein Gewissen und ein liebendes Herz. Wenn wir unsere Werte immer wieder gewissenhaft überprüfen, interessiert sind an Hintergründen so wie Zusammenhängen und im Idealfall ständig mit unserem liebenden Herz verbunden sind, dann so glaube ich, ergibt sich auch das Handeln, das all unsere Rechnungen bezahlt. Wir brauchen uns im Angesicht der Schieflagen auf der Welt nicht als schuldige Täter fühlen, aber auch nicht als ein im System gefangenes Opfer. Versuchen wir einfach, zumindest innerlich uns für alle Lebensbereiche ein paradiesisches Handeln vorzustellen, auch wenn wir uns in der physischen Realität, oft noch ganz anders verhalten. Denn Phantasie wird zur Wirklichkeit!

In diesem Kapitel möchte ich gerne noch einmal die Anarchie erwähnen. In anarchistischen Philosophien haben Gefängnisse keinen Platz. Kriminelle Verbrecher gelten als kranke Menschen und gehören nicht eingesperrt, sondern geheilt. Es gilt als Armutszeugnis diese Menschen in Gefängnisse wegzusperren.

Das sind Aussagen, die mich seit meiner Jugend voll hinter dem Gedankengut der Anarchie stehen lassen. In Fällen mit grausamen Gewaltverbrechen würden wir erstmal hilflos dastehen, nun mal schnell den Täter heilen zu müssen. Es gibt wohl noch keine Patentrezepte dafür, aber Grundvoraussetzungen sind Mitgefühl und Vergebung. Wenn der Mensch angenommen wird und als gleichwertiger, lebendiger Mensch im Leben stehen darf, kann Heilung stattfinden.

Kapitel 3 - 2012 und das paradiesische Erwachen

Viel ist im Vorfeld über 2012 und besonders über den 21.12.2012 geschrieben und erzählt worden. Ich hatte mir einiges davon zu Gemüte geführt und mit Hoffnung den Zeitraum danach erwartet. Und was ist passiert? Nichts? Ich war keiner, der am 21.12.2012 den Weltuntergang erwartet hat und ich habe auch nicht auf sofortige Umwälzung unserer Gesellschaft gehofft. Ich bin der Meinung, dass einiges auf vielen verschiedenen Ebenen passiert ist und ich bringe auch viele der jetzigen gesellschaftlichen Geschehnisse auf unserer Erde mit den vorhergesagten Qualitäten in Verbindung. Doch es stellte sich auch heraus, dass meine Hoffnung ein größeres Erwachen erwartet hatte, als ich es nun beobachte. Erst als ich im letzten Jahr ein Buch las, in dem es ganz nebenbei um das Phänomen „2012" ging, dämmerte mir, dass meine Hoffnungen von einer liebevollen, freien und friedlichen Welt, im Zeitlichen viel zu weit voraus griffen.

Für diejenigen, die sich überhaupt nicht mit den Zusammenhängen von den Vorhersagen 2012 beschäftigt haben, möchte ich ganz kurz erklären warum es diesen Tumult überhaupt gab.

Die Vorrausagungen begründen sich durch Zyklen die von ganz verschiedenen, alten Hochkulturen, zum Beispiel der vedischen Kultur und den Mayas, sehr ähnlich beschrieben wurden. Als Dreh- und Angelpunkt dieser großen Zyklen dient nicht die Sonne unseres Sonnensystems sondern die sogenannte Zentralsonne. Der ganze Zyklus besteht aus einem platonischen Weltenjahr, das 25920 Erdenjahre umfasst. Dieses platonische Weltenjahr ist unterteilt in 12 Zeitalter, die jeweils einem der allgemein bekannten Tierkreiszeichen unterstehen und jeweils 2160 Jahre dauern. 12960 Erdenjahre bewegen wir uns von der Zentralsonne weg und 12960 Erdenjahre auf die Zentralsonne zu. Die Zentralsonne steht in diesem Modell als die Einheit und in dem Zeitraum, in dem wir uns von der Einheit entfernen, schwindet das Gefühl der Verbundenheit, das Bewusstsein schläft ein und ein Gefühl der Trennung verstärkt sich. Bewegen wir uns anschließend wieder auf die Zentralsonne zu, fangen wir an aufzuwachen, unser Bewusstsein vergrößert sich, das Gefühl der Verbundenheit und der Einheit nimmt zu und wir „erleuchten" zunehmend. Nun haben wir nach der Berechnung der Mayas im Jahre 2012 das Fischezeitalter verlassen, welches das letzte Zeitalter darstellt, das sich von der Zentralsonne entfernt und treten in das Wassermannzeitalter ein, welches das erste ist, das sich auf die Zentralsonne zu bewegt.

Nun, was man auch erzählen mag über das dunkle Fischezeitalter und das goldene Wassermannzeitalter halte ich mir jetzt vor Augen, dass wir sechs Zeitalter zu je 2160 Jahren, in der Qualität des Erwachens verbringen. Als mir das klar wurde, dachte ich mir nur, scheiße, scheiße, ich weiß zwar nicht in welchen kleinen Zeitraum von den bevorstehenden 12960 Jahren die Visionen meiner Sehnsüchte passen, doch die nächsten 50 Jahre werden es nicht sein. Ich begann zu akzeptieren, dass sich die Qualitäten, die sich schon lange in den Träumen meines Herzens ausbreiten, sich zu Anfang des „goldenen Wassermannzeitalters" wohl noch nicht in dem Umfang manifestieren werden, wie ich es mir wünsche.

Ich muss mich also damit abfinden in dieser Welt zu leben, so wie sie ist und mich damit begnügen einer der vielen kleinen Keime einer neuen Qualität zu sein, die nun, durch den Beginn des zweiten platonischen Weltenhalbjahres wenigstens kosmisch unterstützt wird. Was diese Unterstützung auch bedeuten mag, denn durch welche Erfahrungen wir persönlich gehen müssen um unseren paradiesischen Träumen näher zu kommen, mag man manchmal nicht im Geringsten erahnen.

Meine Sehnsucht nach einer Welt der Liebe und des Friedens ist so groß, dass es mir immer wieder Schmerzen bereitet, mir die Zustände in unserer Gesellschaft bewusst zu machen.

Ich konnte nicht „Ja" dazu sagen, ein Teil dieser herzkranken Profit-Zivilisation zu sein, und nicht „Ja" zu diesem Leben zu sagen, bedeutet auch, nicht in der eigenen Kraft zu sein.

Klar war mir das schon lange, und doch konnte ich mich nicht einfach dazu entscheiden „Ja" zu sagen wenn ich doch „Nein" fühle. Nur die Hoffnung und die Wut hat mir Kraft gegeben.

Die Wut lässt mich erkennen, was ich nicht für richtig halte. Sie gibt mir Antriebskraft das zu tun, was ich für richtig halte. Die elektrisch pulsierende Kraft der Wut zu nutzen um ins Handeln zu kommen, finde ich wunderbar. Die Wut kann natürlich auch Türen öffnen für Rache- und Vergeltungsgefühle. Spätestens dann ist es an der Zeit, innere Werte ins Boot zu holen und bewusst zu entscheiden in welche Richtung man die Wut kanalisieren möchte.

Kürzlich hat sich jedoch im Bezug zu meinem „Nein", etwas verändert und ich kann nun ein gutes Stück mehr „Ja" zu einem Leben sagen, dass ausgerechnet am Ende vom dunkelsten Zeitalter in der völligen Bewusstlosigkeit stattfindet, dafür aber auch den zarten Beginn eines erwachenden Zeitalters miterlebt.

Der Auslöser dafür waren Interessengruppen, die die Ansicht vertreten, dass die Bundesrepublik Deutschland kein souveräner Staat sei, sondern lediglich eine GmbH, die uns Bürger als ihr Personal verwaltet. Diese Gruppen und Einzelpersonen möchten ihr Recht durchsetzen, aus dieser GmbH auszuscheiden und haben angeblich auch juristische Wege gefunden, die dies ermöglichen. Die Staatsangehörigkeit hat mir als Anarchisten schon immer missfallen, weswegen ich mich mit dieser Möglichkeit auch beschäftigte. Also habe ich gedanklich einfach mal diese Chance auszusteigen, als gegeben anerkannt und dabei gemerkt, dass ich diese gar nicht nutzen möchte. Seither wächst in mir auch ein Gefühl, im bestehenden System dazu zu gehören, meinen Platz darin zu haben, so wie ich bin, anstatt weinend am Rand zu stehen, weil ich so wie unser System nun mal ist, nicht dazu gehören möchte.

Eine Struktur, in der sich „BRD-GmbH-Aussteiger" gerade sammeln besteht aus der Gründung von Heimatgemeinden und dem Anknüpfen an die Verfassung von 1913. Viele Menschen mit Drang zur Freiheit und Menschlichkeit sind dabei aktiv, doch beim Durchlesen der Satzung von der Heimatgemeinde Chiemgau kam es mir vor, als sei dies ein Weg vom Regen in die Traufe. Der Völkergedanke ist ebenfalls stark vertreten und mit ihm eben auch rassistisches Gedankengut. Die Ausrichtung auf ein freies, friedliches Leben, lässt diese Bewegung für mich wichtig erscheinen aber ich erahne, dass sie mit diesen Zielen noch kräftig gegen die eigene Wand fahren wird.

Ich bin der Bewegung persönlich dankbar, weil sie Auslöser dafür war, dass ich meinen Platz in unserer Gesellschaft innerlich mehr eingenommen habe. Die Bewegung hat regen Zulauf und es kann durchaus sein, dass wir in den kommenden Jahren mehr darüber hören werden. Außerdem ist sie für mich ein Beispiel dafür, dass wir uns Initiativen und Bewegungen, die scheinbar in die Freiheit führen, doch ganz genau anschauen sollten. Das Wassermannzeitalter ist noch jung und es werden noch einige Fallen für uns Paradiesvögel bereitstehen, in die wir gefährdet sind hinein zu tappen.

Ich begreife unsere Zeit als leise Morgendämmerung, eine Morgendämmerung von einem Tag, der 12960 Jahre dauert. Noch viele Initiativen, die unserer Zeit voraus sind werden scheinbar scheitern, weil die Dunkelheit noch zu groß ist. Vielleicht sogar an ihrem eigenen noch langen Schatten. Und doch haben sie Erfolg, denn sie bringen das Licht.

Ich persönlich möchte „Ja" sagen zu dem Leben in diesem, noch dunklen Morgenanbruch. Ohne mich dabei ständig ins Mittagslicht zu wünschen, in dem die Sonne von so hoch oben strahlt, dass es fast keine Schatten mehr gibt. Ich werde das Mittagslicht als Gefühl in mir tragen und jeden Sonnenstrahl dieser Morgendämmerung dankbar und glücklich annehmen, mitsamt seinem Schatten der dazu gehört.

Jede liebevolle Idee, jeder friedliche Gedanke, jede natürliche Initiative, jede barmherzige Handlung, jede Vergebung und jede gelebte Achtsamkeit ebnen den Weg in die friedvolle Einheit.

Kapitel 4 - Krieg und Terror

Wie ich im vorangegangen Kapitel geschildert habe, gehe ich davon aus, dass uns Krieg und Terror noch eine ganze Weile begleiten werden. Wie können wir damit in Frieden sein? Können wir inneren Frieden empfinden, wenn sich vor unseren Augen andere Menschen die Schädel einschlagen? Ist es möglich selber in der Ruhe zu bleiben und dabei nicht einmal Angst zu empfinden? Probieren wir es aus! Trainieren wir uns! Verständnis, Mitgefühl und Vertrauen sind die leicht gesagten Bedingungen dafür.

Was ist Terror überhaupt? Sind IS-Terroristen herzlose Monster?

Vor kurzem waren die Anschläge in Paris, die vieles verändert oder auch ausgelöst haben.

Mir fällt es bei der Hetze, die anschließend von führenden Politikern geführt wurde, schwer mein Mitgefühl mit den Opfern zu spüren, vor allem auch, da solche Grausamkeiten fast ständig irgendwo auf der Welt geschehen und nicht viel Wind darum gemacht wird.

Ich habe mich nach den Anschlägen vor allem gefragt, wie es sein kann, das zwei mit Sprengstoffgürteln ausgerüstete Attentäter am Fußballstadion stationiert sind, aber anscheinend zu blöd waren, irgendwelche anderen Menschenleben auszulöschen. Dort gab es nach Medienberichten nämlich nur zwei Todesopfer, die Attentäter selbst. Wenn ich einen Sprengstoffgürtel hätte und die feste Absicht, im Fußballstadion ein Blutbad anzurichten, dann ist es das allermindeste, dass ich wenigstens ein paar Ordnungskräfte mit in den Tod nehme. Wenn es mehr sein sollen und meine Aussichten in das Stadion zu gelangen schlecht wären, dann wähle ich Menschenansammlungen vor oder nach dem Spiel.

Ich habe den leisen Verdacht, denn mehr als spekulieren ist mir leider nicht möglich, dass hier die eingesetzten Kämpfer die Umsetzung ihres

Plans oder ihrer Anweisungen nicht übers Herz gebracht haben und ihrem Leben, lieber im sicheren Abstand zu anderen Menschen ein Ende bereiteten. Diese Vorstellung rührte mich!

Ganz anders verhält es sich dagegen mit den vielen, aus Anteilnahme für die Franzosen abgelegten Blumen die sich anscheinend in mehreren Ländern vor französischen Botschaften oder anderen Einrichtungen häuften. Sie brachten mich auf die Palme. Ich schätze das Mitgefühl und ich vermute die Menschen, die dies getan haben handelten in ehrlicher und liebevoller Absicht. Das finde ich gut, doch ich rege mich leider über deren Unwissenheit auf. Ich frage mich wie sich die Menschen fühlen müssten, die genau unter diesen Blumen zu leiden haben, wenn sie das sehen würden. 80%, der im Handel erhältlichen Schnittblumen kommen aus Afrika, ich weiß leider nicht wie viele davon „fair-trade" sind, aber ich denke noch die wenigsten.

Das Schlimme an diesen Blumenfarmen ist neben den Vergiftungen der Arbeiter, dass die vielen Blumenfarmen Unmengen von Wasser zur Bewässerung benötigen und die Blumenkonzerne dafür natürlich gut bezahlen. So wird den Bewohnern aus den Regionen einfach das Wasser abgedreht, Quellen und Brunnen versiegen und das Wasser aus den Leitungen wird ab einer bestimmten Tageszeit komplett von den „Terrorblumen" getrunken, die wir dann aus Liebe, Mitgefühl oder Trauer verschenken oder sie, als Schmuck in der Wohnung, aufstellen.

Wenigstens kann ich in der Sache von Paris, Mitgefühl für die Täter entwickeln und da diese von der Medienwelt samt Gefolge als bestialische Monster, die ausgerottet werden müssen, beschrieben werden, haben diese es auch viel nötiger.

Ich kann die Verachtung verstehen, die die Terroristen für die moderne, westliche Welt empfinden. Hinzu kommen ein paar lieblose Werte und Glaubenssätze, ein paar psychische Schieflagen und Unterstützung von Menschen mit den gleichen Symptomen und fertig sind die „Monster" die die zivilisierte Welt bedrohen.

Mir ist durchaus bewusst, dass dies eine sehr vereinfachte Anschauung der Gegebenheiten ist und dass weitaus mehr Charakterzüge und psychische Kriterien hierbei eine Rolle spielen. Doch selbst wenn ich mit der vereinfachten Art meines Einfühlungsvermögens, weit daneben liege, so ist es trotzdem eine Möglichkeit, Frieden und Liebe in den Topf mit der Hasssuppe zu schleusen.

Ich verniedliche die „Monster", die vermutlich durch unseren Hass und unsere Angst geschaffen wurden und manipuliere das Weltgeschehen durch Phantasie, die meine eigene Realität gestaltet.

Sehr spannend finde ich, dass der biblische Garten Eden in Syrien liegen soll. Sind gerade Früchte aus dem Garten Eden reif geworden? Wie funktioniert die Aussaat? Bekämpfen wir die Früchte, die wir selber gesät haben? Was säen wir in jedem Augenblick unseres Daseins oder welchen Suppentopf füllen wir?

Vor etwa neun Jahren war ich schwer geschockt als ich das Buch „Ruf des Dschungels" las. In diesem wird berichtet wie in West-Papua Ureinwohner abgeschlachtet wurden, die sich widersetzen ihren Lebensraum aufzugeben. Zuvor dachte ich, dass wäre in unserer Zeit Geschichte. Leider ist das aber immer noch so und diejenigen, die dafür die Verantwortung haben werden von der Weltgemeinschaft dafür nicht verurteilt, noch wird durch Medienpropaganda darauf aufmerksam gemacht.

Mit schlimmen Geschichten über Terror und Krieg wären etliche Bücher zu füllen, die Frage die ich stellen möchte ist, wie sich diese Geschichten auf uns auswirken.

Brauchen wir diese Geschichten um unser revolutionäres Feuer zu entfachen oder ziehen sie uns runter und lassen uns in einem Ohnmachtsgefühl versinken? Welche Konsequenzen ziehen wir daraus und welche Möglichkeiten der Einflussnahme haben wir?

Eine Möglichkeit die wir haben besteht über unsere Konsumhaltung. Wir können durch unsere Bedürfnisse, Strukturen unterstützen, die nach liebevollen Werten aufgebaut wurden. Es gibt in unserer Zeit schon etliche fördernswerte Projekte und wir müssen uns lediglich auf sie ausrichten und die Augen aufmachen. Wenn wir die Persönlichkeit dazu besitzen können wir auch selber Projekte aufbauen und wachsen lassen.

Weiter gibt es unendlich viele, kreative Möglichkeiten, denn durch unser alltägliches Leben und unsere individuellen Fähigkeiten, ist es wichtig unseren eigenen Impulsen des Friedens zu folgen.

Etwas das ich praktisch als Bedingung für einen innerlichen Frieden erkenne, ist die Vergebung. Ich möchte von mir selber ausgehen und stelle fest, dass ich, wenn ich in der Verurteilung bin, nicht einzelne Menschen oder Systeme verurteile sondern angesichts der vielen Missstände, die gesamte Menschheit verachte. Wie kann ich aber der Menschheit vergeben, wenn ich mich unter ihr ohnmächtig und gefangen fühle?

Als Hilfsmittel dafür dient mir ein Modell der Menschheitsentwicklung. Ich vergleiche die Gesellschaftsentwicklung mit der natürlichen Entwicklung in einem Menschenleben und erkenne die Menschheit inmitten ihrer Pubertät. Wenn die Geschehnisse vorher noch so gewaltig und groß aussahen sind sie zu dem Zeitpunkt an dem ich die Menschheit als „Einheit" betrachte, schon nicht mehr so dramatisch.

Ich sehe mich und viele andere als einen Teil der Menschheit, der schon erwachsener geworden ist, reifer und bedachter. Nun fällt es mir auch nicht mehr schwer zu vergeben und den selbst zerstörerisch, pubertär, wütenden Teil der Menschheit hoffnungsvoll und mitfühlend zuzulächeln. Ich stelle mich in eine Position aus der es mir möglich ist so zu fühlen, ohne mich bewertend darüber zu stellen. Denn ich erinnere mich, dass ich als Kind und Jugendlicher auch viel Blödsinn gemacht habe, den ich jetzt nicht mehr machen würde. Deswegen verachte ich aber nicht meine Jugend, noch werte ich diese deshalb ab. Ich war als Jugendlicher ein ganz genauso wertvoller und einzigartiger Mensch wie jetzt und diese Phase der unreif wütenden Kraft verspüre ich als naturgegebene Entwicklung.

Heute ist der 19.12.2015 und es findet eine riesig ausgelegte Lichterkette von München nach Berlin statt. Sie soll ein Zeichen für den Frieden setzen und auch in der mir benachbarten Kleinstadt haben Freunde von mir eine Lichterkette organisiert um mitzuwirken, auch wenn der Ort nicht auf der festgelegten Route liegt.

Ich halte diese Lichterkette als eine gute unterstützenswerte Aktion und doch bin ich nicht einfach fähig dort hin zu gehen und Frieden auszustrahlen. Der Anlass für die Lichterkette sind die Terroranschläge in Paris, der Krieg in Syrien und die allgemeine Angst vor Krieg und Terror. Ich schaffe es nicht, für diesen Anlass in mir eine ausstrahlende Energie des Friedens zu erzeugen, denn ich denke sofort an ursächliche Hintergründe mit denen ich durch mein Leben in einer modernen Zivilisation eng verbunden bin. Durch die Anschläge in Paris ist der offensichtliche Terror örtlich näher gerutscht und trotzdem berührt er mich emotional weniger, als wenn irgendwo im Dschungel ein wild lebender Stamm ausgelöscht wird, damit dort eine Erzmine errichtet werden kann.

Ich fühle mich nicht in der Lage, wenn ich selber ein Leben lebe, durch das andere Menschen Terror und Leid erfahren, ein Licht heraus zu senden, das zum Frieden ermahnt. Darum muss ich in diesem Buch, dass ich als ein Friedenswerk verstehe, auch so viel über Unheil und Missstände berichten, obwohl ich eigentlich auch viel konkreter und umfassender auf friedliche Wege eingehen könnte. Auch versuche ich ehrlich zu sein und auch wenn ich mich zutiefst nach Frieden sehne, habe ich nur wenige erleuchtete Momente in meinem Leben erlebt, in denen ich umfassenden Frieden in mir gespürt habe. Doch, ich werde hin gehen zur Lichterkette, aber mir geht es um Vergebung, Vergebung für Täter, die wir alle sind. Ich zünde mein Licht für die Vergebung. Vergebung für die pubertären Taten der Menschheit, Vergebung die zum Frieden führen wird. An die Notwendigkeit der Vergebung kann ich mich jederzeit erinnern und bin auch dazu fähig in die Qualität der Vergebung einzutauchen. Mir selbst zu vergeben fällt mir aber am schwersten und ich möchte meinen Alltag mit Achtsamkeit gestalten. Achtsamkeit, um möglichst wenig versteckten Terror zu unterstützen. Doch ich komme nicht aus, ich fahre Auto, ich nutze die Technik aus aller Welt und ich lebe in einem reichen Land und profitiere von Krieg und der Ausbeutung anderer Völker. Ich bin ein Terrorist, indirekt aber übel. Kann ich mir vergeben?

Kapitel 5 – (Freie) Energie

Freie Energie aus dem Äther, aus dem Odem Gottes der durch alles strömt in allem Lebendigen pulsiert und kreist. Sie ist in dem Sinne unendlich verfügbar, weil die Kraft Liebe ist und sich durch Liebe vermehrt. Wie mag die Nutzung durch unbeseelte Maschinen, diesen Kreislauf erhalten, anstatt ihn aufzufressen, den göttlichen Atem? Liebe wird gefressen, liebendes, göttliches Bewusstsein schwindet und das Leben wird kalt

In der Branche der technischen Energiegewinnung sehe ich in inneren Bildern, wie wir immer wieder viel zu weit ins Unbekannte greifen. Das große Problem der Energiegewinnung scheinen immer die Nebenwirkungen zu sein. Luftverpestung, radioaktiver Müll und so weiter, wir kennen das alle nur zu gut. Wir haben uns an ein Leben gewöhnt, an dem uns Energie grenzenlos zur Verfügung steht, wenn wir denn nur unsere Rechnung bezahlen.

Forschungen für neue, reine Techniken der Energiegewinnung laufen auf Hochtouren. In alternativ, spirituellen Kreisen liegt das Augenmerk vor allem auf der sogenannten „Freien Energie" und zu dieser möchte ich mich, zugegeben jedoch als Techniklaie, ein wenig äußern. Es wird davon ausgegangen, dass Energie in unserer Welt grenzenlos verfügbar ist und diese direkt aus dem Äther entnommen werden kann. Durch Technik möchte man sich die fortschreitende Ausdehnung des Weltalls, die sogenannte Raumenergie zunutze machen. Die Entwicklung ist, wenn man den Erfindern Glauben schenken mag, auch recht nah an der technischen Machbarkeit. Die große Herausforderung für die Techniker ist die fehlende Förderung von Staat oder Investoren.

Ich gehöre zu den Menschen, die von der Möglichkeit der „freien Energiegewinnung" überzeugt sind und doch stehe ich dieser Entwicklung äußerst kritisch gegenüber. Um nicht zu sagen, bekomme ich sogar ein flaues Magengefühl, wenn Befürworter meinen damit sämtliche Energieprobleme lösen zu können.

Das Funktionsprinzip unserer Welt halte ich für unendlich komplex, wir entdecken immer neue Facetten und Dimensionen. Wenn wir eine Dimension neu entdecken, und verstehen einen Gewinn daraus zu ziehen, sieht es oft so aus als entstehe dadurch kein Nachteil. Das liegt aber daran, dass diese neue Dimension noch wie ein großer dunkler Raum ist, von dem wir gerade mal eine kleine Ecke beleuchten und erkennen können. Die Beziehungen und Wechselwirkungen im neuen System entpuppen sich erst viel später und führen dann zu großen Problemen, wenn wir leichtfertig wie ein unweiser Zauberlehrling damit versuchen zu arbeiten. Wer etwas nimmt wird auch etwas geben! Das ist der wunderbare Kreislauf des Lebens und zentrale Fragen des Energieverbrauchs sind daher: Was gebe ich dabei in die Welt? Welche Rolle spielt das, was ich nehme und gebe, in den vernetzten Kreisläufen der Welt?

Ich fürchte die technische Nutzung der „Freien Energie" wird schon in naher Zukunft auf uns oder unsere Nachkommen zukommen und wir dürfen erneut Fehler machen und daraus lernen.

Ein weiser Fortschritt wäre für mich, zunächst einmal die unmittelbaren Kreisläufe des Lebens von denen wir schon recht viel begriffen haben, wieder in Ordnung zu bringen.

An erster Stelle steht da für mich der Energiekreislauf an dem wir naturgegeben in direkter Weise eingebunden sind. Wir essen und trinken, scheißen und pissen, wir nehmen und geben. Die Erde ist bereit unsere Ausscheidungen zu nutzen, sie entgegen zu nehmen, zu verdauen und uns in einer Form, die wir als Energie benötigen, wieder zu geben. Der einfachste, unmittelbarste Kreislauf von Energie. Anstatt diesen wunderbaren Kreislauf zu erkennen und mit diesem zu arbeiten, haben wir Technik ins Spiel gebracht. Technik, die aus zwei wunderbaren Produkten unseres Körpers, die natürlicherweise als Geschenk dienen, als Geschenk an Mikroorganismen, Würmer, Asseln und Pflanzen, problematischen Klärschlamm macht. Nur weil wir unsere tollen Produkte nicht zu nutzen wissen und der Umgang mit den für uns stinkenden Ausscheidungen etwas heikel ist, kamen wir irgendwann auf die Idee sie als „Schmutz" ins Wasser zu geben und einfach, sauber davon zu spülen. Naturvölker haben schon vor tausend Jahren unsere Ausscheidungsprodukte auch innerhalb großer Ballungszentren zu managen gewusst und damit fruchtbarste Erde geschaffen, auf der sie ihre Nahrung angebaut haben. Ich finde, bevor wir die einfachsten Kreisläufe des Lebens nicht begriffen haben und diese wieder sinnvoll zu nutzen wissen, sollten wir nicht versuchen immer neue Kreisläufe, in neuen Dimensionen anzuzapfen und dadurch meinen, die Fülle des Lebens zu erhalten. Die Methoden um unsere Ausscheidungen mit Hilfe natürlicher Prozesse in nutzbare Energie zu verwandeln werden durch Pioniere am Rande unserer Gesellschaft mit Erfolg umgesetzt. Ein Produkt das daraus entstehen kann, wird Terra Preta genannt. Es ist fruchtbarste Schwarzerde und obwohl ich gerne mehr darüber schreiben würde, gehört es für mich in diese Schrift nicht hinein.

In spirituellen Lehren geht es oft darum die Lösungen für Probleme im Leben nicht im Außen zu suchen. Es ist aber auch ein häufig zu findender Ansatz sich nicht einzuschränken, sondern die Fülle des Lebens zu empfangen. Wir dürfen alles nehmen, wenn wir nur dankbar sind und es in Liebe empfangen. Ich glaube nicht, dass die Fülle des Lebens durch Maßlosigkeit entsteht. Zur Fülle des Lebens möchte ich das Erlebnis eines Reisenden erzählen: dieser trifft in einer sehr kargen Wüstenlandschaft einen durchaus alten, aber anmutig dastehenden Ziegenhirten. Er fragt ihn wie er denn in dieser lebensfeindlichen Landschaft in der es nichts zu geben scheint sein Leben fristen kann. Der Alte lächelt ihn aus einem zahnlosen Mund an und sagt: *Wir haben Alles, wir haben die Ziegen, wir haben deren Milch und deren Fleisch und wir haben Oliven. Wir haben alles was wir brauchen!*

Dieser einfache Mensch hat die Fülle gefunden und ist mit dem Wenigen das er hat glücklich und zufrieden. Für mich ein spirituelles Vorbild um in der Fülle zu leben.

Ich möchte nicht dazu aufrufen wieder in die völlige Einfachheit eines primitiven Naturlebens zurück zu kehren, auch wenn mir das persönlich nicht verkehrt erscheint. Doch möchte ich dazu aufrufen nicht mit technischen Errungenschaften immer weiter in einen scheinbaren Fortschritt zu wackeln in dem die Konsequenzen unserer Schöpfungen nicht im Geringsten erkennbar sind.

Ich sehe zwar auch, dass die Tüftler der „freien Energie" oft mit einer enormen, uneigennützigen Begeisterung am Werk sind, dass ich ihnen eine innere Berufung dazu nicht absprechen mag. Meine Aufgabe ist es aber trotzdem davor zu warnen und sich erstmal damit zu begnügen, die Komplexität der „einfachen" Kreisläufe zu verstehen und unser Leben darin zu integrieren. Denn auch im, durch Gentechnik verändertem, Landbau gibt es führende Köpfe die nicht aus puren Geschäftsinteressen handeln sondern sich guten Geistes dazu berufen fühlen. Der Vater eines Freundes ist ein namhafter Mann in der Agro-Gentechnikforschung. Er ist mit Kopf und Herz davon überzeugt an einer guten Sache gegen den Welthunger zu arbeiten. Verblendung und Berufung in einem?

Ich fühle mich persönlich, emotional mit dem Thema „freie Energie" so stark verbunden, da ich durch Bilderreisen in ein anderes Leben eine berührende Geschichte erlebte. Ich möchte diese nur ganz kurz umreißen und sie vielleicht in einer anderen Schrift ausführlich nieder schreiben. In dieser Geschichte lebe ich auf einem ziemlich öden Planeten in einer Zivilisation die mit den Kreisläufen dieses Planeten im Einklang lebt und mit Hilfe einer einfachen, hauptsächlich mentalen Technik Energie aus speziellen Steinen nutzt. Mir ist in diesem Leben zu wenig los und ich entwickle eine Reisetechnik um einen anderen Planeten zu besiedeln. Auf diesem Planeten versuchen ich und die Wesen die meiner Initiative gefolgt sind auf ähnliche Weise Energie zu nutzen und haben aber Schwierigkeiten uns in das Lebenskonzept dieses Planeten zu integrieren. Nun, am Ende scheitert diese Mission kläglich und ich war maßgeblich daran beteiligt, fast das gesamte vielfältige Leben auf diesem Planeten, einschließlich uns selber ausgelöscht zu haben.

In diesem Leben schmerzt es mich vielleicht deshalb besonders, Tendenzen in diese Richtung zu beobachten und mich sogar mitten darin zu befinden.

Ob diese Geschichte nun ausschließlich Kopfkino sei oder sie durch reelles Erleben in meiner Seele gespeichert ist, spielt für mich nur eine Nebenrolle. Ich kann durch diese Geschichte viel Lebensweisheit gewinnen und vor allem Mitgefühl für die Machthabenden unserer Zivilisation entwickeln, da ich Verbundenheit mit ihrer Rolle erlebt habe.

Gerne möchte ich im Zusammenhang mit freier Energie auch auf den Umgang mit Orgon-Strahlern, Cloudbustern und wie sie alle heißen hinweisen. Was wissen wir über die Kräfte die wir damit freisetzen? Bitte versteht mich nicht falsch, ich begrüße diese einfache Technik und deren achtsamen Einsatz am eigenen Körper und in der unmittelbaren Umgebung, die ich fähig bin, mit meinen Sinnen weitgehend zu erspüren. Aber das regelmäßige „Beballern" von Wolkenfeldern mit riesigen Orgonkanonen, möchte ich heftig kritisieren. Als Rechtfertigung wird die Regierung bezichtigt, in verschwörerischen Praktiken Chemtrails am Himmel zu verteilen, die das Wetter trüben. Etwas überzogen ausgedrückt, werden da Bomben auf Bomben geschmissen, wobei ich die umfangreiche Existenz der ersteren sogar bezweifele.

Vielleicht sind wir irgendwann soweit, die Wettergeschehnisse und die natürlichen Zusammenhänge auf diesem Planeten zu verstehen und wären dann in der Lage solche Kunstgriffe in völliger Bewusstheit aller Konsequenzen durchzuführen. Ob wir dann noch großes Interesse daran hätten, wage ich zu bezweifeln.

Nun, ich sehe uns selber als Wesen, die nicht nur fähig sind freie Energie zu nutzen, sondern dies sowieso laufend tun. Wir würden nur ein strukturloser Haufen von Molekülen sein, wenn in uns nicht eine ordnende Energie lebendig wäre, die unseren wunderbaren Körper Form gibt. Es gibt jedoch auch Menschen, die viel bewusster ungebundene Energie nutzen, Menschen die ohne Nahrung und ohne Wasser auskommen und trotzdem noch jede Menge leistungsfähiges Fleisch an ihren Knochen haben.

Worauf ich hinaus möchte ist, dass nicht nur unser technischer Fortschritt nicht annähernd seinen Höhepunkt erreicht hat, sondern wir als menschliche Wesen ebenfalls nur einen kleinen Teil der uns möglichen

Potenziale nutzen. Die Technik ist nicht fähig zu lieben, das heißt für mich, dass sie auch unfähig ist, sich in den Kreislauf der größten Kraft des Universums einzuklinken. Liebe kennt keine Grenzen! In liebevoller Verbundenheit können wir Alles, wenn wir es uns nur vorstellen können. Es uns vorstellen und daran glauben, ohne Zweifel, in Dankbarkeit und Liebe.

Mitgefühl, Segen und Glaube sind drei der in unserer Zeit nötigen Werkzeuge die wir dafür nutzen können, ihr Treibstoff ist natürlich die Liebe. Ich habe einmal, noch in meiner Jugend, in einer U-Bahn in München einen offiziell eingerahmten Spruch gelesen, der mir über viele Jahre in Erinnerung geblieben ist. *„Die Liebe ist das Einzige, was wächst, wenn wir es verschwenden"* Dieses Zitat von Ricarda Huch hat sich tief in meinem Herzen angesprochen und ist mir so in Erinnerung geblieben.

Liebevolles Mitgefühl führt zu Vergebung, Vergebung ist die Vorraussetzung um ein Geschehnis oder Personen segnen zu können und Segen ist für mich die höchste Form der Anerkennung die wir uns durch nichts verdienen müssen. Der Glaube ist eine Kraft die wir lernen dürfen bewusst einzusetzen. Wenn wir an das, was wir möchten glauben, ohne zu zweifeln und es innerlich erleben können das es so ist, dann sind die Wege frei es auch in der physischen Realität eintreten zu lassen.

Das ist die Art der freien Energie, die wir lernen sollten zu nutzen. Wir haben Zeit dafür, vermutlich 12960 Jahre. Packen wir es an!

Kapitel 6   Gemeinschaft, Kultur und Individuum

In längst vergangenen Zeiten lebten und organisierten sich die Menschen in kleinen Gemeinschaften, in Stämmen. Sie waren verbunden mit ihrer Gemeinschaft, sowie mit der Natur in der sie lebten. Sie hatten ihre Bräuche und ihre Rituale. Orte, die von ihrer Lebensstätte weit entfernt waren, waren unbekannte Welten. Sie unterschieden sich nur wenig in ihren Bedürfnissen und hatten vermutlich nahezu identischen Glauben und Überzeugungen.

Das Individuum, als das wir uns heute erleben war zu dieser Zeit längst nicht so ausgeprägt. Das hat das gemeinsame Zusammenleben deutlich erleichtert und auch die Verbundenheit mit der Natur war dadurch präsenter.

Das Individuum hat sich im Menschen entfaltet und wir fühlen uns heute als völlig eigenes „Ich", separiert von allen anderen Lebewesen.

Wir leben in anonymen Großgesellschaften die sich weder durch einheitliche Bräuche noch durch einen gemeinsamen Glauben ausdrücken.

Es gibt kulturelle Strömungen jedweder Art, Glauben in allen Richtungen und so viele verschiedene Überzeugungen, wie es Menschen gibt.

Doch viele Menschen, die versuchen bewusst und achtsam zu leben wünschen sich ein Leben in intensiver Gemeinschaft. Es entstehen laufend neue Lebensgemeinschaften in allerlei Formen und mit vielen verschiedenen Organisationskonzepten. Viele Gemeinschaften sind die Vorreiter eines ökologisch, ganzheitlichen Lebens und einer liebevollen Kommunikationskultur. Gerade das Miteinander ist in einem Leben in Gemeinschaft herausfordernd, denn wir alle stören uns immer wieder an Verhaltensweisen von Anderen. **Das was uns am Menschen gegenüber stört, sind oft Teile von uns selber, die wir nicht annehmen möchten.** Um das zu berücksichtigen und trotzdem zu den eigenen Bedürfnissen zu stehen und diese in einer friedlichen Weise auszudrücken sind solche Gruppierungen, eine der besten Schulen. Doch ob wir nun in einer Gemeinschaft leben, in einer kleinen Familie oder gar allein, werden wir ein friedliches Miteinander schon irgendwann erlernen. Vielleicht dauert es ein paar Inkarnationen länger, bis wir unsere Probleme nicht mehr auf andere projizieren, aber wir können uns Mühe geben, so oder so.

Das Gefühl der Trennung von unserer Umgebung und unseren Mitmenschen hat zumindest nach dem Modell des platonischen Weltenjahrs seinen Höhepunkt erreicht. Diese Trennung macht uns klein und wenn die verbindende Liebe fehlt, entstehen die Probleme, vor denen wir heute gesellschaftlich stehen.

So schön es ist sich als völliges Individuum zu spüren, so viele Lernaufgaben birgt es auch. Wir leben in der Zeit in der wir gelernt haben individuell zu sein, haben dafür aber das Gefühl der Verbundenheit verloren und glauben zum Teil sogar nicht mehr an diese.

Ich persönlich fühle mich ziemlich kulturlos, ich bin in keinen Bräuchen verwurzelt, in keiner Religionsgemeinschaft beheimatet und habe nur wenige Gemeinschaftsrituale erlebt, in denen ich wirklich aufgegangen bin. Das fehlt mir und ich habe Glück, dass ich zumindest gute Wurzeln in der Natur habe. Ich sehne mich nach einer neuen Kultur, doch wie soll diese aussehen?

Während andere naturverbundene und voraus gehende Menschen am Feuer sitzen und Mantren singen, würde ich viel lieber mit ihnen am Feuer achtsamen Post-Pogo tanzen. Doch, ich singe auch gerne mal gemeinschaftlich Mantren, aber was ich damit ausdrücken möchte ist die Herausforderung, in einer Gruppe im handelnden Einklang zu sein, wenn alle doch so verschieden sind.

Ich denke in den kommenden Jahrhunderten in denen es darum geht, die Verbundenheit zu Allem wieder zu spüren, wird es nicht darum gehen, das Individuum wieder abzulegen. Vielleicht wird es viele neue und weiterentwickelte Bräuche und Kulturströmungen geben und wir können uns auf wilde, komische, romantische und unendlich vielfältige Integralkultur freuen.

Kapitel 7 - Fleisch und Tierprodukte

Als Jugendlicher züchtete ich Kaninchen und verkaufte den Nachwuchs auf einem monatlichen Kleintiermarkt. Als ich mit meiner Mutter, nachdem sie sich von meinem Vater getrennt hatte, in eine Gemeinschaft zog, bekamen die Kaninchen ihren Platz in einem Gehege für Geflügel. Sie durften dort dann frei laufen und konnten sich innerhalb des großen, gut eingezäunten Geheges frei bewegen. So musste ich mich nicht mehr so intensiv um die Tiere kümmern und als 16jähriger verlagerten sich auch meine Interessen ein wenig. Die Kaninchen nisteten sich unter dem Hühnerstall ein und unterhöhlten einen Teil des Fundaments, womit sie kurz gesagt Probleme machten. Ich glaube es waren so um die zehn Stück und ich entschied, mich von ihnen zu trennen. Da ausgewachsene Kaninchen nicht so gerne übernommen werden, höchstens zum direkten Schlachten, wollte ich das lieber selber erledigen. Ich hatte schon oft dabei zugesehen, es bei Fischen auch schon selber getan und wusste deswegen, wie das anzustellen war. Als dann ein Kaninchen auf einem Tischchen saß, gehalten von meiner linken Hand und brav darauf wartete, dass ich ihm mit dem Knüppel, den ich mit der anderen, weit ausholenden Hand festhielt, die Seele aus dem Leib schlug, brachte ich dies nicht übers Herz.

So zog ich schnell meine Konsequenzen und aß kein Fleisch mehr, wenn ich es schon nicht schaffte die vorausgehenden Maßnahmen dafür zu erledigen. Ein halbes Jahr verging und das Problem mit den Kaninchen hat sich in der Zeit nicht von selber gelöst, worauf ich einen zweiten Versuch begann. Diesmal war ich kaltblütiger und tötete alle Hasen außer den Ältesten, der mir sehr ans Herz gewachsen war. Sie schmeckten gut, aber ab dieser Zeit aß ich bis auf wenige Ausnahmen nur noch Fleisch von dem ich wusste, wer die „Drecksarbeit" getan hat, wenn ich nicht selber derjenige gewesen bin.

Ein paar Jahre später habe ich Hühner gehalten, die ich sehr gern mochte und genau so gerne deren Eier aß. Ich wollte deren Bruttrieb nicht unterbinden und außerdem auch eigenen Nachwuchs heranziehen, weshalb ich reichlich Hühnerkücken hatte. Ungefähr 70% der Hühnerkücken waren, seltsam aber gewöhnlich, männlichen Geschlechts. Diese können dann durchaus versuchen sich im nächsten Frühling gegenseitig „alle" zu machen und da das bei mir auch der Fall war und ich auch nicht fähig war, einfach dem Habicht oder dem Fuchs Bescheid zu geben, war wieder schlachten an der Reihe. Außerdem die direkte Erkenntnis, dass zum Eieressen, auch selektieren und töten dazu gehört. Von den Vögeln, die ich aus ihrer Inkarnation katapultierte und ihre Eingeweide herausnahm aß ich sofort das frische Herz. Es war kein wirkliches Genusserlebnis, dass noch warme aber rohe und blutige Herz zu zerkauen aber dieses Ritual, dass ich machte um das Wesen, das eben noch dieses Herz schlagen hat lassen, wertzuschätzen, beruhigte meine Gefühle zu dieser Handlung, die mir zuwider war. Ob sich die, nun exkarnierten Hühnerseelen etwas daraus machten kann ich nicht mit Überzeugung behaupten.

Irgendwann aß ich nahezu gar kein Fleisch mehr, Milchprodukte hingegen liebte ich und sah auch keinen Anlass, diese von meinem Speiseplan zu streichen. Erst als ich das Buch „Heute schon eine Schnecke geküsst" las, dämmerte mir, dass es wohl evolutionär ansteht, davon Abstand zu nehmen. Ich wollte dies aber noch nicht tun, zumal ich meine Produkte von einem benachbarten Demeterhof mit Käserei bezog, der in diesen Jahren auch wieder auf Weidehaltung umstellte und ich außerdem selber eine gewisse Leidenschaft fürs Kühe melken besaß, welches ich ein paar Jahre zuvor auf meinem Lehrbetrieb, per Hand erlernte.

Als ich dann aber gemeinsam mit Anja auf den von uns gekauften, alten Hof im Bayerischen Wald zog, entschieden wir uns nach langem hin und her, gegen eine Nutztierhaltung.

Da auch in der näheren Umgebung kein natürlich arbeitender Bauer zu sein schien, wollten wir ausprobieren sämtliche Tierprodukte in unserer Ernährung, weitgehend weg zu lassen. Wir nannten uns Home-Veganer, da wir uns nicht den Stress gaben unterwegs ebenfalls darauf zu achten.

Wir merkten aber, das uns Milchprodukte immer weniger anmachten und mir Kuchen, aus denen die vielen beinhalteten Eier schier heraus zu sehen waren, fast Übelkeit bereiteten. Fleisch aßen wir überhaupt nicht, abgesehen von den Bremsen die mich stechen wollten und die ich deshalb, zu meinem Schutze erschlug. Ich lasse die von mir erschlagenen Bremsen häufig nur recht ungern abschätzig zu Boden fallen, weshalb ich anfing diese gelegentlich zu essen. Sie schmecken süß und sind knackig und sicherlich werden Insekten in unserer Ernährung, irgendwann eine größere Rolle spielen.

Nach ungefähr sieben Jahren „Home-Veganer" Zeit und im Grunde zwei Jahrzehnten fast fleischloser Ernährung, lebe ich nun seit gut einem Jahr im wilden Böhmerwald in der tschechischen Republik. Hier sind die Böden arm an Nährstoffen, sauer und oft nass, es gibt viele verwilderte ehemalige Kulturflächen die maßgeblich daran beteiligt waren mich hierher zu locken. Im Gegensatz zum „Krafthof", auf dem ich die Jahre zuvor lebte, wuchsen hier die von mir gern gegessenen, essbaren Wildpflanzen auch nicht so üppig. Außer natürlich, meine geliebten Brennnesseln, die sich wohl überall behaupten können, wo vorher Menschen in der Erde gewühlt haben. Die Gegend ist voller Brombeeren, Wald und Gestrüpp und die weiten Wiesen sind von den nächtlichen Besuchen voll mit Wildschwein-, Hirsch-, Reh- und Mufflondung. Alles was nicht sicher eingezäunt ist und interessant für die wilden Tiere ist, wird in nächtlichen Orgien von den Tieren erobert.

Anfangs machte ich mir Pläne wie ich einige der verwilderten Kulturflächen wieder kultivieren könne um Obst, Kräuter und etwas Gemüse anzupflanzen aber aus verschiedenen Gründen konnte ich mich dann hier doch nicht so sehr niederlassen, um meine Pläne umzusetzen.

Eigentlich möchte ich erzählen, dass ich im Laufe dieses Jahres des Öfteren Appetit auf Fleisch hatte und irgendwann fühlte es sich für mich so an, als ob die Natur, hier eben dieses Fleisch des Wildes, dem Menschen als ihr Geschenk anbot. Als Geomant habe ich gelernt den Seelencharakter von Orten zu erspüren und zu interpretieren und um mich intensiver mit dieser wilden Landschaftsseele zu verbinden, wollte ich dieses Fleischgeschenk annehmen und meinem Appetit darauf nachgeben. Ich stellte mir vor, ein Stück von einem frisch geschossenen Hirschen zu bekommen oder auch einen Fetzen Wildschwein, das ich mir anschließend, rituell und archaisch einverleiben würde. Ich stellte aber fest, dass es zwar einfach ist einen ganzen Hirschen, ein ganzes Schwein oder ein ganzes Mufflon zu erwerben aber um nur eine Portion zu bekommen fehlten mir leider die nötigen Kontakte.

So aß ich Hirschfleisch in der regionalen Gastronomie und Wildschweinfleisch aus der Tiefkühltruhe eines Jägers. Worum es mir eigentlich in dieser Geschichte geht, ist das sich ein neues Gefühl für die „Fleischfresserei" für mich verinnerlichte. Ich gab mich zwar auch in den Jahren davor tolerant, sogar wenn Leute Fleisch aus perversen Massentierhaltungen essen, doch irgendwo in meinem Inneren stempelte ich jegliches Fleischessen, zumindest in unserer Kultur als barbarisch und gewaltvoll ab.

So habe ich im Jahr des veganen Booms wieder gelegentlich Fleisch gegessen und auch der Konsum von Milchprodukten hat sich vermutlich verdreifacht und ich muss mich darüber wundern.

Ich begrüße die vegane Entfaltung und auch die von vielen kritisierten Fleischersatzprodukte, denn sie erleichtern vielen Menschen den Umstieg auf eine pflanzliche Ernährung. Ich erfuhr aber durch meine Erlebnisse, das ich es in manchen Gegenden durchaus als angebracht empfinde auch größere Tiere zu töten und zu essen. Auch in der Produktion von Pflanzen steckt oft sehr viel Gewalt, Leid und Blut, und um zu ergründen was der Nahrung, die wir uns zuführen, alles anhaftet benötigt es große Transparenz, Wissen und Gefühl. Etwas mehr dazu aber im nächsten Kapitel.

Kapitel 8 – Landbau und pflanzliche Nahrung

Im vorangegangenen Kapitel habe ich mir erspart, schlimme Geschichten über Massentierhaltungen, Tiertransporte und so weiter zu erzählen, da ich der Meinung bin, dass diese Informationen sowieso allgegenwärtig erfahrbar sind. Doch für die Pflanzen, in landwirtschaftlichen Produktionen ergreift selten jemand ein emphatisches Wort, sie unterscheiden sich so sehr vom Menschen, dass es schwierig ist mit ihnen Mitgefühl zu entwickeln. Ich bin persönlich mit dem Thema Obst- und Gartenbau ganz besonders verbunden, weshalb es mir sehr wichtig ist euch meine Wahrheit darüber darzustellen. Ich habe es sogar schwer, mich mit der Darstellung meiner individuellen Wahrheit zu begnügen, um damit inspirieren zu wollen. Nein, mein Ego möchte euch davon überzeugen, dass meine Wahrheit die richtige ist. So ist das manchmal, wenn man sich mit einem Thema vollblütig beschäftigt und einen klaren, stimmigen Durchblick aufbaut. Doch wie viele Dimensionen bin ich befähigt zu erkennen? Mit welchen Linsen, ist meine persönliche Brille ausgestattet? Also, ich bleibe bei meiner Aussage vom Vorwort, ich weiß, dass ich nichts weiß! Mein Ego darf seine Arbeit tun, aber ein anderer Teil von mir, sorgt für Gelassenheit, um meine Wahrheit nicht allzu ernst zu nehmen. Glaube nicht alles, was du denkst!

Als ich begann zu gärtnern, hatte ich zwar in meiner landwirtschaftlichen Lehre einiges über Kühe gelernt und auch etwas über den Boden, aber mein gärtnerisches Wissen war doch noch sehr klein. Ich verließ mich auf die Arbeit mit Bio-Gartenbüchern und legte los. Ein riesiges Thema für jeden Gärtner sind bekanntlich die schleimigen Nacktschnecken und ich befolgte eine zeitlang den Ratschlag, jeden Abend mit der Schere in den Garten zu spazieren und schnipp, schnapp jede Schnecke, die schon aus ihrem Tagesversteck hervorgekrochen war, in der Mitte durchzuschneiden. Es gefiel mir aber überhaupt nicht, die Schnecken zu töten und lediglich die Motivation zu haben, diese zu vernichten. Ich wusste, dass manche Menschen Weinbergschnecken als Delikatessen vertilgen und kam gemeinsam mit einem Freund auf die glorreiche Idee, die Nacktschnecken wenigstens aufzuessen, um sie nicht nur, als Feind umzubringen.

Wir drückten, nach dem Durchschneiden der Schnecken die schon, von alleine hervorquellenden Gedärme, ganz aus dem schwabbeligen Körper heraus und kochten uns einige Schneckenhälften. Das Essen der Schnecken forderte von uns keine großartige Überwindung und der Geschmack der Schnecken war durchaus annehmbar, aber leider hat das Kochen an der Schleimerei nichts geändert, außer das dieser vielleicht noch etwas zäher geworden ist. Der Schleim klebte uns überall zwischen den Zähnen, an den Lippen und am Gaumen und wir betrachteten dieses Experiment damit als gescheitert.

Es hatte aber eine große Wirkung auf mich, denn seit diesem Erlebnis, habe ich absichtlich keine Schnecke mehr umgebracht.

Jahre danach haben wir zwar zur Schneckenregulation Laufenten eingesetzt aber das macht für mich einen riesigen Unterschied. Die Enten lieben Schnecken und freuen sich über jede schleimige Nacktschnecke, die sie aufspüren. **Es ist eine völlig andere Qualität, es ist der Unterschied zwischen Kampf und Sein.**

Das Gärtnern und auch der Landbau wird häufig zu einem großen Kampf, und das auch in der biologischen Wirtschaftsweise. Kampf gegen Schnecken, gegen Wühlmäuse, gegen Läuse, gegen Pilze, gegen Wildkräuter und, und, und.

Oft habe ich mich gefragt warum es in der Wiese von Schnecken wimmelt, aber die grünen Blätter des Löwenzahns und anderer Pflanzen sich völlig unversehrt in den Himmel strecken, während der Salat im Gemüsebeet bis aufs letzte runter gefressen wird. Die Schnecken sind ein wichtiger Mitarbeiter bei der Müllabfuhr der Natur und konzentrieren sich auf tote, schwache oder kranke Pflanzenteile.

Unser Kulturgemüse wird von der Schnecke anscheinend als nicht lebensfähig erkannt und wird somit von ihr eifrig beseitigt.

In der Zucht der verschiedenen, uns bekannten Gemüsesorten wird auf die Kriterien wertgelegt, die der Mensch nach seinen oberflächlichen Bedürfnissen bestimmt. Zumeist wurde das Körperteil der Pflanze, an dem der Mensch Interesse hat, dermaßen gefördert, dass die Pflanze in ihrem Körperbau völlig aus der Balance geraten ist. Diese behinderten Pflanzen sind nun absolut empfindlich gegen alle äußeren Einflüsse wie Trockenheit, Nässe, Kälte, Hitze, Parasiten und Konkurrenz. Es gibt natürlich auch friedvolle Wege die behinderten Pflanzen in ihrer Vitalität zu fördern, sei es durch die geschickte Arbeit an der Bodenaktivität, durch mental-geistige Arbeit oder durch natürliche Pflanzenstärkung.

Ich möchte den Spruch, *„Du bist, was du isst"* in den Raum stellen und darauf aufmerksam machen, wie empfindlich wir modernen Menschen geworden sind. Ich persönlich sehe es als gesundenden Entwicklungsweg, regelmäßig, von Pflanzen zu essen, die sich eigenständig, in einem vielfältigen Ökosystem behaupten und alle Umwelteinflüsse souverän meistern. Das sind vor allem essbare Wildpflanzen und ganz vorneweg die von Gärtnern bekämpften Unkräuter, wie zum Beispiel Löwenzahn, Vogelmiere und Giersch, die sich durch nichts beeindrucken lassen. Unkraut vergeht nicht!

Ich spüre, dass die Pflanzen, im Gegensatz zu den Tieren gerne von uns gegessen werden zumal sie kein so deutliches Individuum besitzen an dem sie haften. Doch wir bauen ein großes Feld Salat an, der komplett geerntet werden muss bevor er damit anfängt seine Blüten zu entwickeln. Das Feld wird komplett abgeräumt und neu bestellt und der Salat darf nicht seiner eigenen Verwirklichung folgen, in die Blüte zu gehen und Samen zu bilden. Wenn nur ein kleiner Teil von den angebauten Kulturpflanzen dies machen dürfte, könnte statt Ausbeutung ein freundschaftliches Verhältnis entstehen und im wahrsten Sinne des Wortes würde sich Schönheit durch die Blüten zeigen.

Ein schon etwas größeres Individuum beobachte ich bei Bäumen und ich möchte mich für einen Abschnitt dem Apfelbaum widmen. Ich denke bei jedem Leser entsteht sehr schnell ein inneres Bild, wenn er an einen Apfelbaum denkt. Vor allem haben wir für unsere menschlichen Bedürfnisse aber Interesse an den leckeren Früchten. Groß, knackig und saftig müssen sie sein. Ein Apfelbaum vererbt aber seine Eigenschaften leider nicht, und aus einem Samen der in die Erde gebracht wird, entsteht ein wilder Apfelbaum, der wahrscheinlich eher sehr kleine Früchte mit ungewissen Geschmäckern trägt. Also wurde, vor langem schon die Veredelung eingeführt, die Äste von einem bekannten Baum mit einer neuen Wurzel zusammenwachsen lässt. Nun möchten die Menschen, die Obst produzieren es einfach haben und geben den Apfelbäumen speziell gezüchtete Wurzeln, die den Baum nicht in die Höhe wachsen lassen, sprich ihm damit unterbunden wird überhaupt ein richtiger Baum werden können. Diese Buschbäume benötigen auf Lebenszeit eine Stütze und stehen dann in Reih und Glied in riesigen Anlagen mit Bewässerung und Hagelschutz. Die Bäumchen fangen dann mit 15 Jahren an zu vergreisen und werden gerodet. Regelmäßige Giftspritzungen möchte ich überhaupt nicht erwähnen, denn bis auf diese Vergiftungen wird auch der biologische Obstanbau, wie beschrieben betrieben.

Aber es gibt ja auch noch die guten Streuobstwiesen und wir können uns, als Apfelesser darum bemühen Obst von richtigen Bäumen zu bekommen, anstatt von ausgebeuteten Krüppelpflanzen. Wir sollten uns dann aber auch nicht an ein paar Narben, Flecken und Verformungen stören, denn eine Schönheitspflege, wie in klein gehaltenen Obstplantagen ist bei natürlicher Anbauweise, mit richtigen Bäumen, etwas komplizierter.

Eine Menge Menschen entwickeln achtsame Anbaumethoden und wenn wir schon nicht selber gärtnern, ist es immerhin eine Möglichkeit diese Menschen zu unterstützen und ihnen anständige Preise zu zahlen.

Die Bewegung der Permakultur leistet bei der Entstehung natürlicher, friedsamer Lebensweisen enorme Beiträge. Die Permakultur ist eine Gestaltungslehre die durch ethische Grundsätze, genaue Beobachtung und die Berücksichtigung von Prinzipien aus der Natur, zu individuell, ganzheitlichen Systemen in verschiedenen Lebensbereichen führt.

Nicht nur, aber vor allem im Bereich Land- und Gartenbau sind mit der Permakultur etliche, wunderbare Konzepte entstanden in denen Vielfalt, Achtsamkeit und Eigendynamik der Natur an erster Stelle stehen.

Die Prinzipien, die hauptsächlich von dem Australier Bill Mollison formuliert wurden, sind umfassend, essentiell und trotzdem undogmatisch und frei.

Ein Prinzip, das am allerbesten zum Kern dieses Buches passt, möchte ich mitteilen und anregen, darüber etwas nach zu denken. Ich beobachte es als jenes Prinzip, das die größte Herausforderung bietet es anwenden zu können, weil es absolutes Umdenken und jede Menge Anpassungsgabe und Kreativität erfordert. Das Prinzip lautet, „Das Problem ist die Lösung".

Mit welchen unserer Probleme sind wir in der Lage, diese Transformation zu erreichen? Hierbei ist Kreativität und flexible Veränderung des Standpunktes gefragt.

Ich war mal bei einer Führung auf einem besonderen Saatgutbetrieb dabei und Joe Engelhardt, ein sehr kreativer Unternehmer berichtete uns wie seine junge Haselnussanlage von Disteln zugewuchert war. Er nutzte dieses Problem als Gelegenheit und machte ein Lokal, mit gehobener Küche ausfindig, das die Blütenknospen der Disteln zu einer Gourmetspeise verarbeitete. So machte er aus einem lästigen „Unkraut" eine gewinnbringende Nutzpflanze.

Auch in der Flüchtlingsproblematik gibt es schlaue Menschen die behaupten, dass Deutschland diese enorme Zuwanderung benötigt um auf Dauer wirtschaftsfähig zu bleiben und nicht zu überaltern.

Ich möchte gar nicht allzu viele Beispiele für dieses Prinzip anführen, sondern dazu anregen es mit sich zu nehmen und versuchen die Weisheit zu nutzen die darin enthalten ist.

Viele Menschen drängt es dazu in irgendeiner Form zu gärtnern, doch oft haben sie keine Zeit kein Land oder sind frustriert von Misserfolgen.

Ich möchte nicht behaupten, dass jeder Mensch gärtnern muss, aber er sollte in seinem Umfeld Menschen haben, die dies tun und ihn mit gutem Essen versorgen können. Wir benötigen eine Landwirtschaft die mit Liebe getan wird und zwar ohne dabei Existenzängsten zu unterliegen. Wir brauchen Transparenz und Regionalität und ein Mindestmaß an Aufklärung und Allgemeinwissen zum Thema Lebensmittelerzeugung.

Kapitel 9 - Landschaft und Tod

Die natürlichen Landschaften der Erde sind für mich ein vollkommener Ausdruck des Lebens. Atome der Erde, die sich zu den wunderbarsten Geschöpfen formieren und durch eine rätselhafte subtile Kraft zum Leben erwachen. Geist wird sie genannt, diese Kraft. Geist, der den Seelen Raum schenkt, um körperliche Erfahrungen zu machen. Auch unseren menschlichen Körper möchte ich in dieser Betrachtungsweise als Landschaft bezeichnen, zusammengesetzt aus Atomen der Erde. Schon bald wird er wieder zerfallen und zu anderen Ausdrucksformen des Lebens werden. Viele Menschen in unserer Zeit glauben nicht an die Existenz einer Seele und es wird viel darüber philosophiert, ob wir nun eine Seele haben oder nicht. In meinem Weltbild verstehe ich mich vielmehr als Seele die mit einem Körper verbunden ist, der aus Erde ist, anstatt als einen Körper, der vielleicht eine Seele hat. Verbunden mit dem göttlichen Geist, dessen ich Teil bin, forme ich diesen Körper und mache, in dieser dreifaltigen Verbindung eine endliche Erfahrung dieses Lebens. Der Tod gehört dazu und stellt das Ende dieser individuellen Inkarnation dar. Keinesfalls aber das Ende des Lebens, denn das Leben ist ein Kreislauf und auch jedes Atom meines Körpers, wird in anderen Lebensformen weiter existieren und von Geist durchdrungen am Leben sein. Diese These unterstreicht auch, dass das Verfahren der Atomspaltung ein äußerst destruktiver Vorgang ist, der in den Kreislauf des Lebens hineinpfuscht.

Mein Herz geht auf, wenn ich den Tod in der Landschaft sehe, denn er ist dort selten geworden, zumindest in Deutschland. Da wo der Tod offensichtlich ist, da herrscht das wilde Leben. Der mystische, magische und beseelte Kreislauf des irdischen Lebens pulsiert und verändert sich stetig. Für mich ist dies eine einladende Schwelle zu den Seelenreichen der Natur die mich anzieht, seelisch in die mystisch, subtile Welt einzutauchen.

Ich freue mich im Winter über jede abgestorbene Staude, die in einem Vorgarten vergessen wurde abzuschneiden oder über welkes Gestrüpp auf einem ungepflegten Parkplatz. Vielen Menschen graust es vor solchen unordentlichen Anblicken, denn es erinnert sie an die eigene Vergänglichkeit. Die Anblicke des Verfalls sind nahezu verbannt aus deutschen Kulturgebieten.

Monotone Äcker, geschorener Rasen, geordneter Forst statt Urwald, ständig gemähtes Grünland statt blühender Wiesen, gepflegte Erholungsgebiete und so weiter. Jeder Quadratmeter wird dazu vergewaltigt den kranken Ordnungsansprüchen des Menschen gerecht zu werden. Wildheit erzeugt Angst bei vielen Menschen und es herrscht ein regelrechter Zwang die Landschaft ordentlich zu halten. Der Tod wird bekämpft und das Leben dadurch beschnitten. Beschnitten um das Wunder der Transformation, der Wiedergeburt und der Auferstehung.

Der Biber ist ein Meister bei der Schöpfung wilder, magischer Landschaften. Dort wo er seine Arbeit beginnt, fühlen sich die betroffenen Menschen wahrlich tyrannisiert auch wenn ihre Existenz dadurch nicht einmal im Geringsten bedroht wird.

Seit einem guten Jahr wohne ich in Tschechien im wilden Grenzstreifen zu Deutschland. In diesem Grenzgebiet ist der Tod und der Verfall allgegenwärtig und viele Bürger aus dem benachbarten Deutschland scheuen die kurze Fahrt in diese andere Welt. Zumindest möchten sie nach der Grenze die Hauptstraße nicht verlassen und in die Richtung unseres Dorfes abbiegen. Puffs, halb zerfallene, ausgeplünderte Häuser, Autowracks vor heruntergekommenen Plattenbauten, ungemähte Straßenränder, herumtorkelnde Zigeuner mit wild umher springenden Hunderudeln und schiefe Strommasten mit herunterhängenden Leitungen prägen das Dorfbild dieser „gottlosen" Gemeinde.

Die Sicht in die Landschaft aber, ist atemberaubende Schönheit, die an vielen Orten nur sehr mühsam oder gar nicht betreten werden kann. Riesige Feuchtlandschaften des Bibers, in denen nie sicher ist, in welchem Loch man beim nächsten Schritt versinken wird, Wälder mit echten Waldrändern und großen Flächen mit weit, über mannshohen Brombeerdickicht und verwesenden, umgestürzten Bäumen im Inneren einiger Waldstücke. Weite Wiesen auf denen zweimal im Jahr, das Wenige was auf ihnen wächst gemäht wird. Dutzende Mufflons (Wildschafe) die sich im Frühjahr nicht beim grasen auf den Wiesen stören lassen, Wildschweine die nachts am Gartenzaun herumgrunzen und Hirschsippen, die beim Vorüberziehen, den Wald mit ihrem intensiven Duft erfüllen. Diese Wildheit hat mich gerufen und verändert.

Die Landschaft hat als ehemaliger „eisener Vorhang" natürlich auch ihre Traumen, zumindest in der Dimension der Menschheitsgeschichte. Vertreibung, Auslöschung von ganzen Dörfern, militärisches Sperrgebiet, undurchdringbare Grenze nach Deutschland, sind Fakten der Vergangenheit. Orientierungslosigkeit schwimmt durch diese Vergangenheit in der Landschaft und sucht die Resonanz zum Menschen. Die wilde Natur ist, wie schon berichtet, zum Teil auch eine undurchdringbare Grenze, doch ihre seelische Qualität nehme ich als alles annehmende Offenheit war Diese wilde Offenheit saugt mich förmlich ein und durchflutet meine Existenz. Die Wildheit der Natur nimmt das Chaos einfach an, denn es gehört zu ihr. Diese Durchtränkung mit wilder Offenheit, lässt auch mich die innere Orientierungslosigkeit, die diese Zeit auch begleitet hat und das transformierende Chaos einfach annehmen, anstatt es mit erzwungenen Kunstgriffen zu bekämpfen, um die scheinbare Ordnung aufrecht zu erhalten.

Die deutsche Landschaft ist geregelt und das wilde, chaotische, innere Seelenleben durch klare, sterile Struktur unterdrückt.

Ich möchte in diesem Bezug ein weiteres Prinzip aus der Permakultur erwähnen, es heißt „Eigendynamik". In Gärten und in der Landschaft kann es sich durch ausgewiesene Wildflächen ausdrücken, besser aber durch das Zulassen von Eigendynamik im gesamten Konzept der Wirtschaftsweise. Das Begrüßen von Chaos und Wildheit und die Weisheit dadurch Nutzen zu ziehen, sehe ich als Aufgabe vor der wir stehen. Die Wildheit lässt sich nicht unterdrücken, sie wird dadurch nur aggressiv und findet ihre Formen des Ausdrucks auf anderen Plattformen.

Nach dieser chaotischen Zeit in der böhmischen Wildnis fällt mir die Vorstellung schwer, wieder in der deutschen Kunstordnung eine Heimat zu finden. Mich zieht es nun in das Landesinnere von Kroatien wo meine väterlichen Wurzeln liegen. Auch hier ist die Wildheit offenbar, nur ist sie nicht so etabliert wie im böhmischen Grenzstreifen. Sie ist eher ein neuerer Ausdruck durch den Verfall der kleinbäuerlichen Landwirtschaft, ohne dass sie sich in eine industrielle Art verändert hat. Ich möchte meinen kleinen Teil dazu beitragen, dass sie dies auch nicht tut und dazu werde ich in die Dynamik des Chaos meine winzigen Samen verstreuen.

Lasst die Wildheit sich gebären, es lebe das Leben, der Tod, das Chaos und die Geburt des Neuen.

Vision und Schluss

Ich träume von einer Welt in der die elementaren Bedürfnisse von allen Menschen, sehr einfach erfüllt werden. Geld ist überflüssig, es gibt alles geschenkt! Jeder Mensch verwirklicht sich durch seine Potenziale und seine inneren Impulse, zu seiner Berufung und dient damit den Anderen. Zwang, Machtausübung und Unterdrückung sind in Vergessenheit geraten. Alle Wesen sind gleichwertig und gehen achtsam und respektvoll miteinander um.

Kunst und Kreativität entfalten sich, Qualität von Produkten ist oberste Priorität, denn es besteht nicht die Möglichkeit durch Arbeitserschaffung, Geld und Besitz anzuhäufen. Die Menschen haben Zeit für spontane Begegnung, rastlose Eile ist eine Seltenheit und nicht die Normalität.

Die Menschen lernen mit ihren Gefühlen bewusst umzugehen und lassen sich nicht mehr in der Zwangsjacke ihrer Emotionen gefangen nehmen.

Sie organisieren sich in regionalen Strukturen, jeder ist aufgefordert bei anfallenden Entscheidungen mitzuwirken und sich mit seiner Einzigartigkeit einzubringen.

Die Erde ist offen und die Menschen dürfen reisen wohin sie möchten.

Der Mensch baut seine Fähigkeit aus, auch ohne Worte kommunizieren zu können und befreit sich zunehmend aus der Abhängigkeit von komplexer Technik.

Er verfeinert seine Sinne für das Leben innerhalb und außerhalb des eigenen Körpers und versetzt sich in die Lage, Lebensprozesse auf diese Weise zu verstehen.

Disharmonie, Krankheit, Traurigkeit und Krisen werden bewusst als Chancen genutzt um Entwicklungssprünge zu machen.

Und irgendwann nach etlichen Weltenjahren, Rückschritten, Umwegen und Neuanfängen werden wir keinen Hass, keinen Schmerz, keine Eifersucht, kein Leid und keine Angst mehr kennen. Das Spiel der Polarität, wird langweilig weil wir es beherrschen! Wir verschwinden zurück in die völlige All-Einheit nach der wir uns immerzu sehnen und gesehnt haben, weil wir aus ihr gekommen sind.

Das Schreiben dieses kleinen Buches hat mir viel Spaß gemacht und mich erfüllt. Ich bin sehr dankbar, denn es war für mich selber eine große Erkenntnisreise. Ich habe also allein durch das Schreiben viel bekommen aber die Motivation zu schreiben, war ja meine Geschichten und Ansichten mit euch zu teilen. So würde es mich sehr freuen wenn auch das Lesen des Buches, dir als Leser etwas gegeben hat und ein wenig dabei war, das dich bewegt. Jegliches Feedback von dir als Leser, werde ich begrüßen. Bitte benutze dafür folgende e-mail Adresse:

nuetzling@posteo.de

Abschließend habe ich die Essenz dieses Büchleins in einem kleinen Gedicht zusammengefasst.

Lebe die Qualitäten die du liebst!

Wenn du die Wut liebst, sei wütend!

Wenn du den Kampf liebst, kämpfe!

Wenn du Vergebung liebst, vergebe!

Wenn du Frieden liebst, dann liebe!

Leicht gesagt und leicht geschrieben? Der Weg, ist das Ziel und ich möchte ihn lieben. Gleicht doch kein Weg dem andern! Wir treffen uns in Freiheit und wandern

ein Stück gemeinsam, wir stoßen und reiben uns, streicheln und lieben uns – dann wieder einsam

getrennt und verschmolzen auf den Bühnen im Leben – lassen wir uns die Begegnungen weben

bewusst und frei, meins und deins – doch das was uns lebt es ist Eins!

Friede sei mit Dir!

Marko

Weiterführende Informationen

(1):Geomantie--www.lebensnetz-geomantie.de   www.hagia-chora.org

(2): Permakultur – www.permakultur-akademie.de

(3): Permakultur-Hof – www.erdenkraft.net

(4): Flüchtlings-Initiative -- www.fluechtlinge-willkommen.de

FSC
www.fsc.org
MIX
Papier | Fördert
gute Waldnutzung
FSC® C083411

Zeitfracht Medien GmbH
Ferdinand-Jühlke-Straße 7
99095 Erfurt, Deutschland
produktsicherheit@kolibri360.de